Données de catalogage avant publication (Canada)

Bristol, Claude M., 1891-1951
Votre force intérieure = T.N.T.

(Collection Motivation et épanouissement personnel)
Traduction de: TNT the power within you.

ISBN 2-920000-40-3

1.Succès. I. Sherman, Harold, 1898- . II. Titre. III. Collection.

BF637.S8B714 1994 158'.1 C81-001392-4

En vente chez votre libraire ou à la maison d'édition
Prix sujet à changement sans préavis

Si vous désirez obtenir le catalogue de nos parutions,
écrivez-nous à l'adresse suivante:
Les éditions un monde différent ltée
3925, Grande-Allée
Saint-Hubert (Québec) Canada J4T 2V8
ou composer le (514) 656-2660

VOTRE FORCE INTÉRIEURE
= T.N.T.

DISTRIBUTION:

Pour le Canada:
Les Messageries ADP
955, rue Amherst
Montréal (Québec)
H2L 3K4
Tél.: (514) 523-1182

Pour la Belgique:
Vander, s.a.
321, avenue des Volontaires
B-1150 Bruxelles (Belgique)
Tél.: (32-2) 762-9804

Pour la France:
Dilisco
122, rue Marcel Hartmann
94200 Ivry-sur-Seine
Paris (France)
Tél.: (1) 49 59 50 50

Pour la Suisse:
Transat s.a.
4ter, Route des Jeunes
Case postale 125
CH-1211 Genève 26
(Tél.: 022 42 77 40)

Cet ouvrage a été publié en langue anglaise sous le titre original:
TNT The Power Within You
par Prentice-Hall, Inc., Englewood Cliffs, New Jersey, U.S.A.

Dépôts légaux: 4e trimestre 1980
Bibliothèque nationale du Québec
Bibliothèque nationale du Canada
Septième édition, 1994

Conception graphique de la couverture:
PHILIPPE BOUVRY

Version française:
BUREAU DE TRADUCTION TRANS-ADAPT, INC.

ISBN: 2-920000-40-3

Claude M. Bristol
Harold Sherman

Votre force intérieure = T.N.T.

Les éditions Un monde différent ltée
3925, Grande-Allée
Saint-Hubert (Québec)
Canada, J4T 2V8

Table des matières

1

Votre force intérieure = T.N.T.

Mon message s'adresse aux âmes de bonne volonté. Je le passe tout simplement avec la certitude qu'il changera probablement votre conception actuelle de la vie, contribuera à améliorer votre santé physique, engendrera succès, bonheur, joie de vivre, à condition cependant que vous en saisissiez bien le sens et qu'il trouve grâce à vos yeux.

Vous savez que le trinitrotoluène, au sens propre du mot, est un explosif d'une puissance peu commune. Le T.N.T. que je vous propose est tout aussi puissant, dynamique; ceci suppose donc toutes les précautions possibles dans sa manipulation. Au cours des siècles, cette force que chacun porte en soi a détruit ceux qui ont tenté de s'en servir à mauvais escient.

La Bible foisonne de témoignages à l'appui de cette force active. Certaines lois de physique l'appuient fortement; même le gros bon sens en voit le bien-fondé. Lisez et rendez-vous-en compte par vous-même.

Quelques-uns interpréteront mes paroles du point de vue spirituel, d'autres y découvriront des vérités épaulées par la science, d'autres encore n'y verront qu'un moyen pratique de réussir dans leurs entreprises. Peu importe l'interprétation!

Laissez votre esprit s'ouvrir à mes propos et vous serez inondé d'une lumière éblouissante.

Je dois une fière chandelle à un vieil ami, expert en rayons X et en appareils électriques de haute fréquence qui, lorsque je n'étais encore qu'un jeune homme expérimentant en électricité, attira mon attention sur la première parcelle de T.N.T. en moi: mes ressources inutilisées. À ce moment-là, je ne comprenais pas. Heureusement, cette force est restée là, inculte, jusqu'au jour où j'en ai véritablement pris connaissance.

En y réfléchissant bien aujourd'hui, je comprends pourquoi il ne m'a pas forcé la main: je n'étais pas prêt. Cependant, il croyait en moi et savait que tôt ou tard, la lumière jaillirait. J'y ai mis près de trente années au cours desquelles j'ai parcouru mers et mondes à la recherche de ce *secret*, le T.N.T.

Durant tout ce temps, il était là, en moi, à portée de la main si je peux dire. Aujourd'hui, je le tiens et j'aimerais le partager avec vous, sachant qu'utilisé avec prudence, il vous aidera à parer les obstacles sur le chemin que vous devez parcourir.

Vous tournez en rond?

Durant de nombreuses années, j'ai exercé la profession de journaliste et me suis souvent retrouvé au coeur d'événements importants. J'ai eu la bonne fortune d'interviewer des hommes et des femmes célèbres. Naturellement, je tentais de savoir quelles qualités particulières les plaçaient un cran au-dessus du commun des mortels. Toujours, le secret de leur réussite m'échappait.

Au moment de la première guerre mondiale, j'en étais encore à me demander pourquoi je piétinais sur place pendant que d'autres allaient de l'avant. Soldat, je découvris cependant certaines choses sur moi-même: par exemple, que je pouvais dormir dans la boue, manger du pain moisi, et en parler plus tard avec un brin d'humour. Cette guerre a, en quelque sorte, sonné le glas de mes frayeurs irraisonnées et je crois que mes expériences peuvent vous être utiles.

Dans l'espoir de découvrir un moyen facile de faire fortune, j'ai dévoré des milliers de bouquins farcis de recettes infaillibles: ils ne m'ont conduit nulle part. J'ai fouillé des traités de philosophie et de psychologie sans y trouver la clé de la réussite. J'ai adhéré à des organisations secrètes, mais là encore, je me suis buté la tête contre le mur. Pourtant, l'étincelle dont j'avais besoin se trouvait dans chaque livre, dans chaque fraternité, partout. Je l'avais sous le nez mais un voile la dérobait à mes yeux.

Vous devez découvrir ce secret par vous-même; il est bien là. Si vous ne le voyez pas noir sur blanc, il se peut qu'il se cache entre les lignes.

Que craignez-vous?

Après la guerre, je passai à l'emploi d'une organisation nationale d'investissements bancaires et, durant de longues années, à l'instar de plusieurs autres, j'ai caressé un rêve, simplement pour m'apercevoir que je construisais de minables châteaux en Espagne dont les fondations reposaient sur des sables mouvants.

Le désastre financier qui a ébranlé le monde des affaires en 1929 relégua mes rêves dans l'ombre, et je connus la peur. Je ne savais plus où donner de la tête.

Mes responsabilités décuplèrent en raison de ma position de cadre. Par suite des perturbations économiques mondiales, nous nous retrouvions en face d'une véritable crise. Nous étions en butte aux critiques acerbes de plusieurs personnes qui ne parvenaient pas à comprendre l'énormité de la catastrophe qui venait de s'abattre sur nos têtes. Je broyais du noir, j'en perdais le sommeil. Le matin, je répugnais à me lever pour reprendre le chemin du bureau dans la crainte d'affronter de nouveaux problèmes.

Plus les jours passaient, plus la situation se détériorait. J'étais désorienté, frustré. À plusieurs reprises, j'avais mentionné mon intention de résigner mes fonctions. Un jour, vers la fin de juin, je décidai d'y donner suite. J'en touchai un mot à une de mes étroites collaboratrices; je ne lus qu'une amère déception et un reproche voilé dans son regard.

Cette nuit-là, le sommeil m'a déserté complètement. Je fis les cent pas pendant des heures. Vers trois heures trente, je m'arrêtai soudainement, m'assis et regardai le problème bien en face. Je pouvais détester mon poste et laisser les autres se débrouiller seuls, ou bien rester et faire ma part; c'était là mon devoir.

Je me surpris à me parler tout seul:

«Vrai de vrai! Ç'a toujours été vrai! Il ne peut en être autrement!» Une sorte de déblocage s'opéra alors en moi.

L'esprit souffle où il veut

Brusquement, je crus entendre ces mots:

«Que cherchais-tu depuis tant d'années? Qu'est-ce que l'on t'a enseigné? Qu'as-tu appris? D'où sors-tu? Où vas-tu?»

Je bondis en m'écriant: «Je l'ai! Je sais maintenant! C'est cela que l'on a essayé de me faire comprendre. J'ai trouvé la clé!»

Quelque chose me disait que j'allais retrouver ces mots - exactement les mêmes - dans un volume que l'on m'avait offert il y avait très longtemps. J'avais essayé de le lire, mais le sens m'en avait échappé et je l'avais laissé de côté. Il s'agissait d'un ouvrage écrit par une grande âme, Albert Pike, un mystique, un poète, un savant. Je pus le repérer sur les rayons de ma bibliothèque et je retrouvai rapidement le passage. Enfin, je comprenais!

Vigilance!

Je possédais maintenant la clé. Je pouvais entrevoir une route large et resplendissante comme une traînée de lumière.

«Voilà le chemin que tu dois suivre maintenant. Quel naïf tu étais! On a tenté de te diriger mais ton esprit rebelle se cantonnait dans son entêtement; tu croyais que toi seul pouvais trouver ta voie et y demeurer.»

J'exultais. Mes craintes, mes soucis avaient disparu comme par enchantement. Je savais que tout allait marcher dorénavant. Je m'endormis du sommeil du juste.

Ce jour-là, l'atmosphère du bureau me parut tout autre. Les nuages sombres qui s'amoncelaient sur nos têtes commencèrent à s'estomper.

À ma collègue que j'avais peinée par mon intention de tout lâcher, j'avouai ce qui s'était passé durant la nuit: elle sourit d'un air entendu. Elle m'épaula de toutes ses forces. Je ne saurai jamais trouver les mots pour lui exprimer toute ma reconnaissance.

Un savant disait un jour: «Nous apportons en naissant la faculté de choisir entre le bien et le mal et la capacité de mener à bien ce que nous entreprenons. Cependant, quelques-uns doivent donner de la tête sur un mur de ciment avant de voir la lumière.»

J'avais donné dans le mur de plein fouet. Ce fut la plus grande expérience de ma vie, une résurrection totale.

On s'aperçut très vite de mon changement d'attitude et on me demanda des explications. Je fis part de mes découvertes à quelques intimes et je crois que vous pourriez également en profiter.

Goutte à goutte!

Lentement, goutte à goutte, inlassablement, le T.N.T. fera son chemin, érodera les craintes injustifiées, les doutes tenaces, les préjugés obstinés pour faire place à de nouvelles idées, à de nouveaux concepts.

Goutte à goutte... l'occasion s'offre trop belle pour ne pas la saisir. Ouvrons grande la porte!

Depuis le jour où j'ai décidé de partager mon secret, de nombreuses personnes, des organismes même, en ont fait leur profit. Par le truchement de rencontres individuelles, de conférences en personne ou à la radio, j'ai pu rejoindre des milliers de gens. Je suis aujourd'hui en mesure de témoigner des résultats inouïs atteints par ceux qui ont vraiment compris le message et mis à contribution la technique et les mécanismes préconisés.

Petit à petit!

Il se peut que cette transformation soit instantanée ou que le processus en vue de rendre votre T.N.T. apte à travailler pour vous soit plus lent. Ne vous mettez pas martel en tête, ne brusquez rien. Souvenez-vous que vous possédez cette puissance latente et que vous pouvez apprendre à vous en servir.

Au temps où j'eus la révélation de cette force en moi, le moral de mes collègues était au point mort. Tout le monde broyait du noir. La peur s'était installée à demeure. Avant de sombrer plus avant, il fallait de toute nécessité faire demi-tour.

Vrai de vrai!

Je connaissais maintenant mon devoir envers les autres. Au départ, je ne voyais pas quelle méthode employer, mais je me résolus à laisser agir mon subconscient; mon intuition me suggéra alors de dialoguer avec mes confrères.

Il va sans dire que je me suis buté à un certain scepticisme de la part de quelques-uns, mais j'étais convaincu du bien-fondé de ma démarche. Durant la semaine qui suivit, je passai tous mes moments libres à revoir les livres que j'avais étudiés au cours des années. Naturellement, la Bible occupa la place d'honneur. Je scrutai des ouvrages sur le yoga, des traités sur la philosophie de la Grèce et de la Rome antiques et d'autres plus modernes. Je relus les *Méditations* de Marc Aurèle, *Law of Psychic Phenomena* (Loi sur les phénomènes psychiques) de Thomas Jay Hudson, et *The Gist of It* (Le vif de la question) du brillant docteur en médecine Haydon Rochester. Je déterrai mes livres portant sur la physique, l'électricité et ceux traitant de la vibration de la lumière. Non seulement me rendis-je compte que j'avais raison de croire ce que j'avançais, mais je constatai que tous ces auteurs étaient guidés par le même principe fondamental. Les traités de psychologie me relayèrent le même message. Je me fis fort d'en citer des extraits et j'eus bientôt la satisfaction de voir bouger les choses.

Êtes-vous branché?

En observant autour de moi, j'ai remarqué que ceux qui possèdent ce secret sont des personnages illustres, ceux que l'on qualifie, en termes journalistiques, de gens qui font la une. Quelque chose les pousse à se défaire du syndrome de l'autruche et à se hisser au-dessus du commun des mortels.

Je ne veux pas dire par là que vous devriez aspirer à leur standing, mais convenez avec moi que ces gens ont su profiter au maximum de leur puissance latente; c'est pourquoi ils sont devenus des têtes d'affiche dont le souvenir se perpétuera à travers les générations. Cela ne veut pas dire nécessairement que ces gens sont des monstres en mal de publicité, car j'en connais qui reculent devant les entrevues - donnant prise ainsi à toutes sortes de racontars, Garbo par exemple. D'autres se font remarquer par leur façon originale d'attaquer leur travail, usent de moyens hors de l'ordinaire qui attirent l'attention sur eux. Certaines personnes n'ont besoin que d'un sourire à l'instar de Dwight Eisenhower, font la moue tel John L. Lewis; les uns se moquent des us et coutumes d'un pays: George Bernard Shaw en est un parfait spécimen. Il y en a encore qui, comme Eleanor Roosevelt, exercent un véritable charisme. Des musiciens et des chefs d'orchestre portent les cheveux longs à la façon de Leopold Stokowski, moustaches et favoris à la Smith Brothers. Rappelez-vous le monocle de Charles Coburn et les vêtements blancs et flottants de Mark Twain. Comment ne pas s'arrêter devant les cravates rouges, les guêtres, les allures, même les nombreux mariages et divorces des autres de la coulée des Tommy Manville?

Le libre penseur, le non-conformiste, l'extraverti attirent l'attention. La plupart de ces gens qui font les manchettes tombent sous l'une ou l'autre de ces rubriques. Quelques-uns vous en mettent plein les yeux avec quelques variantes ici et là. D'autres exagèrent leurs singularités, font fi de ce que l'on peut penser d'eux. Ils sont bien trop occupés à se réaliser pour se demander s'ils utilisent leur T.N.T. à bon escient ou s'ils font fausse route.

Les uns sont des orateurs sans égal, des stratèges de la meilleure eau. On retrouve des grands financiers, des hommes d'état remarquables, des politiciens et des artistes insignes; tous, un jour ou l'autre, se mettent en évidence.

Ces gens extraordinaires sont légion. Rappelez-vous les Démosthène, Néron, Jules César, Christophe Colomb, Galilée, Cléopâtre, Balzac, de Maupassant, Sir Isaac Newton, Jeanne d'Arc, Cromwell, Edgar Allan Poe, Benjamin Franklin, Alexander Hamilton, Graham Bell, le général Grant, Abraham Lincoln, Cecil Rhodes, P.T. Barnum, Clémenceau, Lord Kitchener, Woodrow Wilson, Sir Thomas Lipton, Mussolini, Hitler, Winston Churchill, Joseph Staline, Lénine, Franklin D. Roosevelt, Charles E. Hughes, Lloyd George, Mahatma Gandhi, Will Rogers, Douglas Fairbanks, Henry Ford, Thomas Edison, John Burroughs, Charles Lindberg, Alfred E. Smith, Jane Adams, George Washington Carver, Al Jolson, Eleanor Roosevelt, Marion Anderson, Ralph Bunche, Harry Truman, Jawaharlal Nehru, Dwight D. Eisenhower, Ezio Pinza, Bernard Baruch, Jimmy Stewart, Jane Froman, Cecil B. DeMille, Albert Einstein, Albert Schweitzer.

Et la liste pourrait s'allonger indéfiniment, chaque nom rappelant une figure célèbre à sa manière. Ces gens sortent de toutes les couches de la société. Il en sera toujours ainsi car le degré d'élévation dépend de l'usage des forces intérieures.

Vous avez sans doute remarqué que j'ai fait mention de Néron, Jules César, Mussolini, Hitler, Staline et Lénine? Ces sinistres personnages furent tous remarquables à leur façon et ont atteint un degré éminent dans la société en se servant des moyens innés dont ils jouissaient - même si pour arriver à leur but, ils ont fait tomber des têtes et bafoué leurs semblables. L'Histoire se chargera de les juger tout en faisant ressortir le tort qu'ils ont causé à l'humanité.

Vous pouvez vous mettre en évidence en utilisant votre force intérieure agissante dans un but louable ou pour des raisons mesquines. C'est pourquoi on la dit une arme à deux tranchants. Vous devez donc apprendre à la contrôler de façon à la faire servir au bien-être de vos proches et, si vous devenez vedette internationale, au bien de l'humanité en général.

Je suis convaincu que Gandhi fit usage de cette force intérieure et vous savez de quel prestige il a joui de son temps. À ses débuts, il arborait le costume occidental mais, dans ses dernières années, nous le retrouvons vêtu d'un pagne, le crâne dénudé et le nez coiffé de grosses lunettes. Je ne sais si Gandhi agissait ainsi dans un but précis, mais je crois qu'il affectait une telle attitude pour attirer l'attention du monde sur les conditions de vie en Inde.

Il m'est impossible également d'expliquer pourquoi ceux qui utilisent cette force intérieure deviennent des vedettes, mais vous constaterez, lorsque vous commencerez à vous en servir vous-même, que vous acquerrez une certaine prestance et deviendrez le point de mire de vos parents et amis. Ils verront brusquement une transformation dans votre comportement et dans vos paroles. Cela ne signifie pas que vous ferez la roue devant eux ou que vous chercherez délibérément à attirer l'attention. Vous commencerez simplement à devenir vous-même, à tirer profit de tout ce qui vous entoure, à vous libérer de ce qui faisait obstacle à votre épanouissement et à affirmer vos droits, toutes choses que vous auriez réalisées plus tôt si vous aviez su vous y prendre avec cette force intérieure que j'appelle T.N.T.

Souvenez-vous que vous ne pouvez jouer les timides, les effacés, les peureux et prétendre en même temps à la considération et au respect de tous.

«*Une ville bâtie sur une colline ne saurait être cachée, non plus qu'on ne peut allumer une lampe pour la placer sous le boisseau.*»

Écoutez encore ces paroles:

«*Les grandes réalités de la vie ne sont révélées qu'à ceux qui sont prêts à les recevoir.*»

Des milliers de gens qui ont utilisé leur force intérieure dans de mauvais desseins ont attiré la malédiction sur leurs têtes. Consultez l'Histoire de l'humanité pour vous en convaincre.

Vous retirez de la vie exactement ce que vous y mettez, ni plus ni moins. Cet adage remonte très loin dans le temps mais il est toujours d'actualité et on ne saurait trop le rappeler. Si nous tentons de construire, de faire le bien, nous serons payés en retour car

«On récolte ce que l'on sème».

Quel est donc ce quelque chose, ce T.N.T. qui peut ébranler la terre? Quelle est cette force intérieure dont chaque individu doit se servir s'il veut réussir sa vie?

Vous avez sans doute saisi? C'est vous, votre *moi*, la puissance de votre subconscient libérée à petites doses pour faire face à certains événements, renverser les obstacles sur la route de la vie, affronter les revers économiques, physiques ou spirituels.

Quelle est cette force?

Elle est la résultante de la représentation exacte de ce que vous attendez de la vie, suggérée à votre subconscient et soutenue par la foi en vos moyens et en l'Être suprême.

Tout désir raisonnable peut être réalisé si vous croyez suffisamment en cette force intérieure agissante.

C'est cela votre T.N.T. - la conception intime de ce que vous voulez et la conviction que vous possédez les moyens de réussir.

Elle est tellement simple qu'un nombre effarant d'hommes et de femmes refusent d'y croire, ne prennent pas le temps d'y réfléchir, préfèrent plutôt se buter la tête contre le mur et s'entêtent dans leur aveuglement, leur stupidité, leur ignorance. Ils continuent à se créer toutes sortes de difficultés, de revers financiers, à compromettre leur santé à force de rejeter cette lumière intérieure.

Souvenéz-vous: j'ai moi-même piétiné durant trente années et pourtant, il était là mon T.N.T., tout prêt à m'aider. Je n'avais qu'à l'appeler à mon secours. Il m'aurait évité un monde de pleurs et de grincements de dents. Mais voilà, je me croyais plus intelligent que les gens autour de moi qui savaient se servir de cette puissante force intérieure pour leur bonheur et leur réussite et m'offraient leur assistance. J'étais persuadé que je devais réussir par mes propres moyens, que le succès dépendait en grande partie du hasard, que c'était de la foutaise que d'essayer de me reposer sur la foi ou le secours divin. J'avais pourtant été témoin, en de nombreuses occasions, des effets de cette foi mais je n'étais pas prêt à rendre les armes. Mon attitude sceptique m'avait immunisé contre cette force intérieure. Quelle arrogance!

Espérons que vous n'irez pas jusqu'au désespoir comme je l'ai fait, avant de vous rendre compte *qu'en arrachant les toiles d'araignée de votre esprit,* vous découvrirez cette force qui ne demande qu'à être utilisée.

Qu'est-ce que j'entends? Vous avez déjà trouvé le détonateur de votre T.N.T.? Préparez-vous à vous en servir. Posez vos signaux. La grande explosion ne saurait tarder qui fera maison nette de vos idées erronées et vous ouvrira des horizons nouveaux où vous pourrez vous épanouir pleinement.

2

Vous ne serez pas le premier

Rien au monde n'est plus puissant qu'une idée qui se présente au moment opportun.
Victor Hugo

Le temps est venu de mettre à contribution l'idée la plus géniale qui soit et de lui permettre de guider votre vie. Elle est très simple mais si vous la laissez vous pénétrer, vous ne serez jamais plus la même personne. Comme le T.N.T., elle fouillera jusque dans vos replis les plus secrets, détruisant vos conceptions erronées et les remplaçant par d'autres justes et équitables. Adieu craintes et tourments, tensions nerveuses chroniques, trac, etc... votre assurance refera surface, vous adopterez une attitude plus réaliste et vous serez en mesure de surmonter les difficulés qui vous paralysaient depuis des années.

Tous les gens qui ont réussi se sont servis de cette force intérieure active. Elle fut le puissant levier de leurs actions. Sans elle, ils n'auraient jamais pu atteindre leur degré d'éminence.

Mais quelle est donc cette force intérieure?

C'est la certitude que *ce que vous concevez clairement, avec foi et persévérance, passera à la longue dans votre vie.*

Mais oui! Naturellement, il y a beaucoup plus. Des sages l'ont cependant traduite sommairement lorsqu'ils disaient: *L'attitude de l'homme est le reflet de sa pensée.*

Vous comprenez? Tel on se voit en esprit, tel on est en réalité.

Cette pensée me fit l'effet d'un coup de massue. Jusque-là les choses ne tournaient pas rond, je jetais toujours le blâme sur les autres, sur les circonstances. J'étais persuadé que je n'étais pas responsable de mes malheurs. De toute façon, cette attitude agissait comme un baume sur mes blessures, persuadé que j'étais de n'y être pour rien. Cependant, dans mon for intérieur, je commençais à prendre conscience que ma tournure d'esprit devait être reliée de quelque manière à ce qui m'arrivait.

Si je me levais le matin, déprimé, avec la certitude que la journée serait mauvaise, la journée était invariablement mauvaise. Au début, je croyais qu'il s'agissait d'auto-suggestion de ma part, ou une sorte de pressentiment. J'ai mis un temps infini et rencontré nombre de déboires avant de comprendre enfin la loi des semblables qui s'attirent. Je créais moi-même mes malheurs par mes pensées pessimistes.

En jetant les yeux autour de moi, je vis des gens heureux récoltant du bonheur. Ils se levaient le matin avec la conviction que les choses tourneraient rond et ils voyaient leurs espoirs se réaliser.

Parfois, ces gens heureux étaient en proie à des difficultés, mais ils ne leur permettaient pas de les abattre. Le lendemain matin, ils se levaient dans l'expectative de bonnes choses et celles-ci se concrétisaient.

Avant d'avoir compris, je m'étonnais de leur bonne fortune, je les enviais même. Je ne voyais pas comment une certaine attitude mentale pouvait influencer le cours des événements.

J'ignorais alors qu'il existait dans la nature une force que les savants appellent électromagnétisme. Je ne savais pas que toutes choses sont naturellement électromagnétiques, qu'une attitude réaliste attire la réussite et vice versa, qu'un accident ça n'existe pas - chaque chose arrive en vertu de la loi de cause à effet.

Relisez et méditez le paragraphe précédent. Pénétrez-vous de son message afin de ne jamais l'oublier: il possède le pouvoir de changer votre vie.

Il n'y a rien de nouveau sous le soleil dans ce que j'avance, sauf peut-être pour vous. Mon message a été répété à des milliers d'exemplaires à travers les âges. La Bible en regorge, les confraternités s'en sont réclamé. Les Rois Mages se sont laissé guider par lui, les Croisés en vivaient, les célèbres personnages de l'Histoire en ont tous tiré profit: Moïse, Alexandre le Grand, Napoléon, Shakespeare, Washington, Lincoln, Benjamin Franklin, Edison, le docteur Steinmetz, Barnum, F.D. Roosevelt et un nombre incalculable d'autres.

Les sages de tous les âges, les guérisseurs, les chefs de file religieux, les grands maîtres, les prêtres Maya, les yogi, les faiseurs de miracles, tous connaissaient le secret et le mettaient à contribution chacun à sa manière.

Ils concevaient un idéal, le voulaient fermement et éventuellement, en voyaient la réalisation.

Moïse avait formé le projet de conduire son peuple vers la Terre Promise; Alexandre le Grand et Napoléon rêvaient de grandes conquêtes; Shakespeare désirait créer des poèmes immortels; Washington visait à l'indépendance des treize colonies; Lincoln caressait l'espoir de libérer les esclaves et de préserver l'union entre le Nord et le Sud; Benjamin Franklin pensa capturer l'éclair à l'aide d'un cerf-volant afin de prouver que l'éclair et l'électricité ne pouvaient être dissociés; Edison voyait déjà naître l'ampoule électrique, les films animés, le phonographe, le train électrique et d'innombrables autres découvertes; Barnum rêvait de mettre sur pied le plus grand cirque du monde se déplaçant sur rails à travers les continents; Roosevelt souhaitait sortir son pays de la plus grande dépression de son histoire.

Ces hommes inspirés voyaient loin. Ils convertirent leurs idées en actes, réalisèrent leurs aspirations en misant sur leur courage, leur foi constante, leur persévérance et leur énergie sans bornes.

Pourtant, ces hommes étaient de simples humains comme vous et moi. S'ils ont pu réussir, pourquoi pas vous?

Arrêtez! Pensez! Méditez!

Pourquoi ces gens furent-ils grands? Ils se voyaient clairement atteindre le but qu'ils s'étaient fixé. Ils ont osé rêver de grandes performances et, secondés par leur force intérieure agissante, ont pu réaliser leurs objectifs.

Votre grandeur procède de vos pensées. Voyez grand et vous serez grand. Un petit homme n'a que des pensées mesquines; sa prestance augmentera en raison de ses pensées nobles.

Un petit moment!

D'où viennent le bateau à vapeur, la locomotive, l'automobile, la lumière électrique, la machine à coudre, la radio, la machine à écrire et des milliers d'autres appareils dont nous nous servons presque machinalement? Ils ont pris naissance dans de grands esprits avant de devenir réalités. Tout ce qui nous entoure, à l'exception des choses que la nature se charge elle-même de nous fournir, provient de cogitations de l'esprit.

Enlevez de ce monde les grandes inventions et vous vous retrouverez au niveau de l'homme des cavernes. Voici une façon pratique et rapide d'exprimer tout ce que nous devons à l'esprit humain créateur.

Lorsque l'histoire de l'évolution de l'esprit humain sera écrite, elle formera la somme la plus excitante de tout ce qui s'est accompli depuis le commencement des temps, car elle couvrira toutes les phases évolutives de l'esprit humain.

Cet historique mettra en valeur les millions d'années consacrées par l'homme à se sortir de son abîme d'ignorance, de superstitions, de craintes, de préjudices, de fantasmes, de conceptions erronées.

On y verra Galilée qui, à l'instar de Copernic, croyait que la terre se déplaçait autour du soleil: on le força à répudier ses affirmations et il se vit refuser la publication de ses écrits. De nos jours, nous nous récrions devant ces persécutions d'une Église primitive fondée par des hommes à l'égard d'autres hommes qui osaient poursuivre des vérités en dépit de doctrines et de décrets déjà existants.

L'Histoire accordera une place de choix à Charles Darwin dont les études et observations poussées sur les animaux et les plantes donnèrent naissance à son fameux traité intitulé *The Origin of Species* (L'origine des espèces) dans lequel il prônait la théorie de l'évolution. Il faut donner crédit à l'Église moderne qui sait reconnaître le travail divin à travers l'évolution.

Le temps poursuit irrévocablement sa course et témoigne de l'évolution de l'esprit humain vers des forces dont on n'avait aucune idée dans les premiers temps de l'humanité.

Preuve de la supériorité de l'homme sur la bête

Le fait que l'homme ait pu survivre à travers le dédale des vicissitudes engendrées par tout ce qui existe et par ses semblables prouve qu'il possède des capacités de survivance supérieures. L'homme est un dieu en puissance même si parfois il révèle des tendances purement diaboliques.

Il doit à cette force intérieure qui lui est propre d'avoir réussi à atteindre un haut degré de sagesse et de circonspection.

Cette force a élevé l'homme au-dessus de l'animal. Il est possible que des êtres encore plus doués existent sur d'autres planètes; il n'en reste pas moins que l'homme possède des possibilités considérables de développement personnel. Une fois qu'il a appris à vivre en harmonie avec ses semblables, il n'en est encore qu'aux balbutiements de l'usage de ses énergies latentes. Maintenant, il apprend péniblement sa leçon mais j'ai bon espoir qu'elle passera la rampe. Je mets ma confiance dans cette force intérieure qui dépasse l'entendement humain, mais dont l'homme devient de plus en plus conscient, ce quelque chose qui le libérera de ses craintes, de ses haines, de ses préjudices, et qui lui conférera une telle compréhension de lui-même qu'à son tour, il sera en mesure de comprendre les autres.

Il est très facile de voir si une femme ou un homme se sert de cette force intérieure. De telles gens agissent et pensent toujours en fonction de cette puissance. Ils sont posés, dignes, sûrs d'eux-mêmes, courageux, à l'aise et possèdent énormément d'entregent. Ils savent où ils s'en vont et connaissent la façon d'y arriver. Ils ont planifié leur avenir et s'avancent résolument dans cette direction. Autour d'eux flotte une ambiance contagieuse. Ils vous entraînent dans leur sillage et vous poussent à de plus grands efforts. Ces personnes sont les architectes et les bâtisseurs de ce monde. La masse des indécis leur emboîte le pas.

Où vous situez-vous? En tête de file ou dans le troupeau qui suit? Si vous êtes du dernier groupe, vous n'avez pas encore découvert cette force que vous portez en vous-même. Avant de vous détacher du groupe et de devenir leader, vous devez apprendre à vous servir de cette force intérieure. C'est une nécessité, je le répète. Vous ne pouvez vous réaliser sans elle.

La loi de l'attirance ne vous apportera que ce que vous aurez imaginé. Votre pouvoir créateur ira plus loin; il sera aimanté en raison de vos aspirations.

Vision... vision... vision!

Voilà le levier qui mène à la réalisation! Faites en sorte que la vision de ce que vous désirez soit réelle et non la somme de vos craintes et de vos soucis, ce qui fausserait l'action de votre force intérieure.

Si Edison, lorsqu'il tentait d'inventer la lumière électrique, avait pensé à l'échec plutôt qu'à la réussite, il n'aurait pas persévéré dans ses multiples expériences qui le menèrent infailliblement à la découverte d'un filament capable de porter le courant électrique et de produire la lumière. Pensez-y bien! Edison s'est repris à plus de 9 999 fois avant d'arriver à son but. Chaque échec lui indiquait une faille et finalement, par un procédé d'éliminations de ces non-constantes, il en est arrivé au succès espéré.

Combien de temps auriez-vous pu tenir le coup devant des insuccès répétés comme ceux-ci? Edison avait coutume de dire: «Le succès se compose de 99 pour cent de transpiration contre 1 pour cent d'inspiration.»

Lorsque vous savez que vous êtes épaulé par cette force intérieure, vous ne pouvez faillir à la tâche. Vous continuerez à aller de l'avant en dépit des obstacles et des revers, soutenu par la conviction profonde que le succès couronnera vos efforts.

En certains cas, un échec s'est transformé en bougie d'allumage qui a mené à une réussite encore plus satisfaisante que celle dont on avait rêvé. Prenons comme exemple Christophe Colomb: ses études l'ont persuadé que la terre est ronde. Il croit qu'en naviguant vers l'ouest, il atteindra la Chine qui s'appelait dans le temps Cathay, et les Indes. Il consacre cinq années à obtenir les vaisseaux nécessaires pour entreprendre un tel voyage. Son équipage croit avoir affaire à un illuminé, se mutine et menace de l'abandonner. Imperturbable, Colomb ne perd cependant pas espoir en son étoile. Sa conviction profonde le pousse à continuer. Enfin, il entrevoit des îles qu'il baptisera *Indes occidentales,* aujourd'hui connues sous le vocable d'Antilles. Ce grand explorateur complétera trois autres expéditions vers l'Amérique et mourra sans avoir réalisé qu'il avait découvert un nouveau monde. Il est cependant passé à l'Histoire comme l'un des plus grands découvreurs. Les efforts ne sont jamais faits en vain.

Votre vision deviendra réalité si vous persistez à y croire, si vous demeurez lucide et confiant dans la réussite. Je reviendrai souvent sur ceci car je désire vous en imprégner. Naturellement, je n'emploierai pas toujours les mêmes mots mais le message sera invariablement le même.

Les triomphateurs de ce monde ne perdent jamais de vue leurs objectifs. Ils rappellent constamment à cette force intérieure le but qu'ils envisagent de façon qu'elle attire vers eux les éléments de la réussite.

Un exemple de la puissance de la vision

Irma et Farley O'Brien forment un jeune couple qui vit maintenant heureux à Hollywood dans la maison de leurs rêves; la maison telle qu'ils se l'étaient toujours représentée.

Durant des mois, Irma et Farley avaient en vain fouillé les environs en quête de cette demeure. Ils avaient visité différents districts, recouru aux services d'agents immobiliers. Ils avaient admiré de magnifiques résidences entourées de jardins enchanteurs, mais aucune ne possédait ce petit quelque chose qui en aurait fait la leur, ce charme intime qu'ils envisageaient.

À la fin, Irma et Farley, découragés, décidèrent d'arrêter là leurs recherches. Ils venaient de prendre connaissance d'une nouvelle façon, tenant presque de la magie, d'attaquer leur problème. Il s'agissait tout simplement de s'asseoir tranquillement et de se représenter la maison telle qu'ils la désiraient, avec la conviction qu'elle existait quelque part sous le soleil et avait été érigée pour eux.

Irma dressa des plans du rez-de-chaussée, de l'extérieur: jardin, fleurs, patio, tout y passa. Tous deux en discutèrent longuement, s'enthousiasmèrent. Ils avaient peu d'argent à investir dans une telle entreprise mais possédaient de la confiance à revendre. Ils étaient persuadés que les ressources se concrétiseraient s'ils le désiraient vivement et si tous leurs efforts tendaient vers ce but ultime: leur maison.

Irma soupirait: «Ce n'est pas une simple maison que je veux, c'est un chez-moi, une place bâtie par un couple qui l'a aimée comme nous l'aimerons dès l'instant où nous la verrons. Je désire une maison qui respire partout l'amour. Penses-tu, Farley, qu'une telle maison existe?»

«J'en suis persuadée, répondit Farley. Il faut qu'elle existe parce que tu ne penserais pas ainsi.»

La maison devint le sujet de leurs conversations le soir à la veillée, une véritable obsession. Ils se voyaient allant vers elle. Ils en rêvaient, persuadés que lorsque le temps et les conditions seraient propices, ils la découvriraient. Leurs craintes s'estompèrent: d'une façon ou d'une autre, ils savaient qu'ils avaient raison d'attendre.

Quelques semaines plus tard, invités chez des amis, Irma se mit à parler de son rêve. L'hôte écouta attentivement et s'écria: «Mais, vous venez de décrire la maison d'un de mes amis dont la femme vient de mourir, peu de temps après avoir emménagé dans la maison dont ils avaient rêvé, un monsieur Davies qui occupe encore les lieux. À deux reprises, il a refusé des sommes fabuleuses alléguant qu'il ne vendrait qu'à un couple qui aimerait sa demeure autant que lui et son épouse.»

«Allons vite la voir!» de s'exclamer Irma et Farley.

Devant la maison de monsieur Davies, ils restèrent cloués sur place, sidérés.

«C'est bien elle!» Ils riaient, ils pleuraient, mais savaient qu'ils avaient trouvé leur maison avant même d'en avoir franchi le seuil. Leur rêve se matérialisait devant leurs yeux émerveillés.

Monsieur Davies ouvrit la porte et vit dans leur regard le reflet de son amour pour les lieux. Il sourit: «Entrez, entrez! Je vois que vous aimez déjà cette maison. Visitez, prenez tout votre temps, furetez partout; vous me retrouverez ici.»

Pendant une heure, Irma et Farley burent la beauté des aires et des choses. Ils se sentaient déjà chez eux.

Mais, comme toute médaille a son revers, la question monétaire les chicotait. Auraient-ils la somme nécessaire pour assurer le versement initial? Ils craignaient que celui-ci ne fut de beaucoup supérieur à leurs ressources présentes.

«Qu'allons-nous faire?» gémit Irma. «Nous avons trouvé la maison de nos rêves mais pourrons-nous en assumer le coût?»

«Notre foi nous a conduits jusqu'ici,» répliqua Farley, «elle trouvera bien un moyen de nous en sortir.»

Ils étaient à ce moment dans le jardin. En se retournant, ils virent monsieur Davies qui les attendait sur le seuil. Il les observait attentivement.

Les jeunes gens s'exclamèrent: «Tout est merveilleux! Exactement ce dont nous avions rêvé! Mais nous avons peur que le prix ne soit au-dessus de nos moyens.»

«Peut-être pas!, dit M. Davies. J'ai exigé jusqu'ici un versement exorbitant de personnes que je ne voulais pas voir occuper ma maison. Mais, vous deux, vous l'aimez comme ma femme et moi l'aimions. Je crois qu'elle ne voudrait pas que je la vende à un couple qui ne saurait l'apprécier. Je suis prêt à accepter vos termes.»

Le marché fut conclu rapidement et les O'Brien repartirent le coeur léger.

Toutefois, le dépôt initial allait vider leur compte en banque et ils se retrouveraient devant un manque de fonds pour compléter la transaction.

«Nous avons peut-être fait erreur», pensa tout haut Irma. Nous avons vu trop grand pour nos moyens.»

«Jusqu'ici, tout a marché selon notre vision,» répondit Farley, «je ne vois pas pourquoi cela ne continuerait pas.»

Sa confiance fut récompensée. Aujourd'hui, ils vivent heureux dans leur jolie maison entièrement acquittée.

Oh oui, cette puissance intérieure est efficace quand on a appris à s'en servir. On ne peut imaginer les façons dont elle agit: il suffit de lui faire confiance et de suivre ses impulsions dans des situations données.

Dans le cas d'Irma et de Farley, les semblables se sont attirés. Ils avaient conçu le genre d'habitation occupée par monsieur Davies et, à son tour, monsieur Davies avait décidé de ne vendre qu'à un couple comme eux. Ces deux conceptions les avaient attirés invinciblement les uns vers l'autre par l'entremise d'un ami commun à qui Irma s'était sentie comme poussée à confier son rêve.

Les voies par lesquelles vous pouvez atteindre vos objectifs sont également tracées par cette puissance intérieure qui entre en action sitôt que votre objectif est bien défini, que vous mettez votre confiance dans la réussite, que vous persévérez dans vos efforts, soutenu par une foi indomptable.

Tout ce que la vie présente de bon et de beau peut être vôtre si vous le voulez fermement. Ce que cette force a fait pour d'autres, elle peut le faire pour vous.

Les pensées positives attirent, les pensées négatives rebutent

Révisez votre façon de penser. Prêtez-vous foi à tout ce que vous avez lu jusqu'ici? La lumière point-elle à l'horizon? Repassez les étapes de votre vie et tâchez de découvrir vos réussites, fruits de vos pensées réalistes, et vos échecs engendrés par votre pessimisme. S'il en est ainsi, alors vous êtes mûr pour apprendre ce que cette force intérieure peut faire pour vous.

3

Cette force peut vous aider

Des milliers de gens sont à la recherche du secret de la santé, de la fortune, du bonheur, de la satisfaction personnelle, de la solution à leurs problèmes.

Au cours des âges, nombreux sont ceux qui ont possédé ce secret et s'en sont prévalu. Je suis persuadé que vous pouvez en faire autant si vous acceptez de réfléchir sur ce que vous lirez, si vous faites vôtres les idées exprimées et les mettez en pratique.

Qu'attendez-vous de la vie?

Où allez-vous?

De la réponse à ces deux questions dépend votre orientation. Si vous ne savez pas ce que vous voulez ou si vous ignorez où vous dirigez vos pas, vous errerez fatalement. Le doute, l'incertitude, les déboires sont le lot de l'indécis.

Il ne faut jamais oublier que LES SEMBLABLES S'ATTIRENT.

Votre fortune d'esprit actuelle indique ce que vous deviendrez et détermine où vous serez demain.

Avez-vous déjà observé la conduite d'un indécis? S'il est au volant d'une voiture, il louvoie constamment, il indique un virage, ralentit, puis se ravise et enfonce l'accélérateur. Il est tantôt d'une prudence extrême, tantôt casse-cou, téméraire. Il ne sait pas où il va ni pourquoi et ceux qui le suivent sont tout aussi incertains de ses intentions.

Ce n'est certes pas là la voie de la réussite. Si vous êtes porté à l'indécision, à l'incertitude, si vous vacillez dans vos actes et vos pensées, il est clair que vous n'avez aucune emprise sur vos sentiments et votre jugement. Il est flagrant que vous n'êtes pas au courant de votre force intérieure, cette puissance créatrice latente qui peut transformer votre vie.

Aujourd'hui, on a plein la bouche du pouvoir atomique. Vous remarquez que l'on insiste pour comparer la puissance de la bombe atomique, de la bombe hydrogène ou de la bombe à cobalt avec la force explosive de plusieurs tonnes de T.N.T.

Lors de la découverte de cette force chez moi, je n'ai pu m'empêcher de penser au T.N.T. Si vous possédez une telle force, vous n'avez pas besoin de support pour déplacer les montagnes de craintes, d'indécision, de soucis, de tension, de frustrations, de complexes, de haine, de cupidité et de préjugés qui vous retiennent cloué sur place.

Vous n'avez qu'à faire jaillir l'étincelle en envisageant un but bien précis. Ensuite, laissez agir cette force déchaînée par vous.

Que peut-elle faire?

TOUT, et je dis bien TOUT! *Trouvez* votre objectif, *voyez-le* clairement, *croyez-y* fermement, *mettez-vous* à l'oeuvre.

Votre force intérieure attirera vers vous tous les outils dont vous aurez besoin.

Surmontez les handicaps

Dans sa jeunesse, un de mes amis rêvait de devenir prédicateur mais, voilà, il était affreusement bègue. Les années passèrent sans altérer son désir. Lorsqu'il en fit part à ses parents et amis, on se moqua de lui et on tenta de l'en dissuader.

«Tu ferais mieux de choisir une profession où tu n'as pas besoin de parler en public , disaient-ils. Personne ne t'écoutera. Voyons! Tu ne peux dire une seule phrase sans bégayer et cela devient très embarrassant. Il te faut parfois une grosse minute avant qu'un mot ne passe tes lèvres.»

«Mais je n'ai pas besoin de rester ainsi toute ma vie , insista-t-il. Un de ces jours, vous verrez, je parlerai aussi bien que quiconque. C'est ainsi que je me vois et c'est ainsi que je serai.»

Aujourd'hui, cet homme est pasteur d'une église importante sur la côte ouest. Il est un conférencier émérite et jamais vous ne pourriez soupçonner qu'un jour il avait eu le même problème que Démosthène.

Comment s'y est-il pris pour vaincre ce sérieux handicap? En le voulant, en y pensant profondément, en appelant à la rescousse sa force intérieure.

Il m'a avoué qu'il avait pris l'habitude d'aller dans la basse-cour et de sermonner pendant des heures les pauvres volailles. Il s'imaginait s'adresser à des personnes et leur faisait des discours. Il sourit: «Au début, les pauvres paraissaient effrayées par les contorsions que je me croyais obligé de faire pour vaincre mon tic. Parfois, s'arrêtant de picorer, elles me regardaient d'un oeil curieux; alors, je m'imaginais que j'avais réussi à capter leur attention. En d'autres occasions, elles semblaient hypnotisées comme les volailles en ont l'air quelquefois; j'étais alors certain de les avoir envoûtées. Graduellement, je parvins à me contrôler, en partie grâce à cette pratique et en partie par la compréhension de la cause de mon bégaiement.

«Vois-tu, mon père était un homme très autoritaire. Il souscrivait au vieux dicton qui dit qu'un gosse doit être vu mais non entendu. Enfant, il me critiquait toujours lorsque je tentais d'exprimer mes idées. C'est ainsi que je devins timide, mal à l'aise, craignant de me couvrir de ridicule si j'osais seulement ouvrir la bouche. De là mon habitude de bégayer. Par la suite, on me coupait constamment la parole car mon bafouillage embarrassait les gens.

«Lorsque je réalisai que je pouvais parler sans bredouiller devant les volailles et le troupeau, je me suis bâti une confiance en mes moyens. Cette confiance reposait sur le fait que je me pris à ne pas plus faire état des personnes à qui je m'adressais que je n'en faisais des poules, des vaches, des chevaux - c'est ainsi que je chassai le trac.

«Cela peut te paraître puéril, mais j'ai gagné la partie. J'ai appris à ne pas me prendre trop au sérieux, à vaincre mon complexe d'infériorité et ma timidité. Je me suis rendu compte également qu'auparavant je m'étais persuadé ne pouvoir parler en présence d'adultes par crainte des remontrances de la part de mon père. Sitôt que j'eus changé cette image défaitiste de moi-même et pris conscience de cette force intérieure, ma vie s'est transformée. Je n'avais plus peur de parler en public et je travaillai d'arrache-pied à devenir le conférencier que tu connais aujourd'hui, exactement selon mes rêves d'enfant.»

Peu importe votre handicap, votre force créatrice intérieure peut vous aider à vous en sortir.

Faites-vous en sorte de préparer la manifestation de cette puissance en vous et par vous?

La foi s'acquiert

En tout premier lieu, il faut être convaincu que cette puissance intérieure agissante n'est pas de la comédie, qu'elle est réelle et sûre, que vous la découvrirez au-dedans de vous et que vous saurez comment l'utiliser.

Mais, vous qui lisez ces lignes ne pouvez vous contenter de rester coi tout en espérant que l'explosion se produira d'elle-même. Vous devez avoir l'esprit ouvert, prêt à recevoir le message, de sorte que le T.N.T. qui se terre au fond de vous, voilé par le pessimisme ou l'ignorance, puisse se manifester et vous aider à vous débarrasser des obstacles fabriqués de toutes pièces, des entraves qui vous barrent la route, des problèmes chimériques.

Le secours contre les difficultés et les embûches vient du dedans.

Avant de passer dans la vie, les choses, les événements naissent dans l'esprit.

Vous vous sentez presque assommé devant la réalisation de cette présence en vous. Vous restez figé sur place à moins que votre esprit ne vous commande de bouger. Vous ne pouvez vous arrêter dans votre lecture sans que votre esprit ne vous le suggère. Vous ne pourrez non plus vous servir de votre force intérieure avant d'avoir fait maison nette des obstacles engendrés par votre défaitisme.

Ne perdez pas courage!

Jones, un de mes amis publicistes, semblait tourner en rond dans sa profession. Il était un homme comme tant d'autres se laissant entraîner par le courant. Un jour, il décida que tout allait changer. Jusque-là, il n'avait pas eu de but bien défini et marchait à l'aventure. Il fit donc le point sur sa vie.

Y avait-il un poste où il se sentirait plus à son aise, où il pourrait se réaliser? Pourquoi pas la direction d'un magazine à portée nationale dans le genre *National Geographic* - appelons-le *Le Voyageur?*

Mon ami avait parcouru le monde. Il savait qu'il pouvait apporter une contribution précieuse dans ce poste et il commença à se représenter occupant le fauteuil de directeur de la publicité dans cet organisme. Son enthousiasme en prit un coup de renouveau. Il s'enquit des possibilités d'obtenir le poste auprès du propriétaire lui-même. Celui-ci lui répondit:

«Je suis désolé. Nous sommes très satisfaits de notre directeur actuel, monsieur Haley. Il fait partie de notre maison depuis de nombreuses années et accomplit un travail du tonnerre. Nous ne nous passerons de ses services que s'il décide lui-même de partir.»

De telles paroles auraient eu l'effet d'une douche froide sur un autre que monsieur Jones. Il se sentit poussé à insister: «Je comprends, mais je suis tellement emballé par votre revue que j'aurais grande satisfaction à m'y sentir relié de quelque façon que ce soit, même de manière officieuse. J'aimerais vous demander la permission de siéger avec les membres de votre bureau de rédaction et d'assister à des conférences sur la publicité, d'y faire mes suggestions comme si j'étais membre du personnel, cela sans rémunération de votre part.» Cette proposition vraiment insolite piqua l'intérêt du propriétaire. Il reprit:

«Je ne vois aucune objection à ce que vous proposez. Cependant, il vous faudra convaincre monsieur Haley. Il ne prisera peut-être pas de voir un homme qui désire son poste assister aux réunions. Mais, si vous voulez consacrer votre temps libre à vous occuper de nos intérêts, à titre gracieux, soyez le bienvenu!»

Jones et monsieur Haley se plurent réciproquement et une grande amitié les lia spontanément. Leurs rapports cordiaux se continuèrent durant huit ans au cours desquels monsieur Jones fit valoir ses talents et maîtrisa les différentes structures de l'organisme. Entre-temps, afin de subvenir à ses besoins, il avait conservé son autre poste dans le domaine de la publicité.

Un beau jour, monsieur Haley se vit offrir un poste en Californie et décida, pour des raisons de santé, et parce qu'il avait rêvé de se retirer dans cet état, de résigner ses fonctions de directeur du magazine *Le Voyageur.*

Monsieur Jones occupe maintenant le poste de directeur de la publicité chez *Le Voyageur,* ayant pris la succession de monsieur Haley, poste qu'il savait devoir lui revenir un jour.

Pensez-vous encore que cette force intérieure que vous portez en vous ne peut pas vous aider à réussir?

L'inspiration, un levier d'action

Vous sentez-vous déprimé, abattu, prêt à tout lâcher? Monsieur H.C. Mattern passait justement par ces transes il y a quelques années. Il avait quitté la Pennsylvanie pour New York à la suite de déboires familiaux et financiers. Il espérait trouver dans la métropole le moyen de se remettre sur pied mais, les choses étant ce qu'elles sont, surtout lorsque l'esprit est la proie de multiples tracas, tout alla de mal en pis.

À la fin, ne pouvant faire face à un loyer franchement en retard, n'ayant que quelques dollars en poche et ne pouvant trouver d'emploi nulle part, Mattern se sentit porté au suicide. Avant de se faire justice, il avait quelques courses à faire, entre autres passer par le rayon des livres chez Macy's où son regard fut attiré par le titre d'un ouvrage d'Harold Sherman: *Your Key to Happiness* (La clé du bonheur).

Ce titre eut sur Mattern l'effet d'un torchon rouge qu'on agite devant le taureau. Il sortit en ronchonnant: «La clé du bonheur... La clé du bonheur... de la bouillie pour les chats.» Mais le titre revenait lancinant à son esprit. Il fit donc volte-face, rentra dans le magasin et courut acheter le livre avec les dollars qui lui restaient.

Il rentra ensuite chez lui muni de son livre et du poison qui devait l'aider à en finir avec l'existence. En feuilletant distraitement le volume, il tomba sur le passage suivant:

Que vous le vouliez ou non, vous êtes directement responsable de ce qui vous arrive.

De colère, Mattern rejeta le livre loin de lui. Tout au long de sa vie, il avait toujours blâmé les autres ou les circonstances pour ses déboires. De faire un sérieux examen de conscience était bien la dernière chose à laquelle il pensait et il était encore moins prêt à admettre qu'il était probablement la source de ses problèmes, de ses faiblesses.

Afin de prouver que l'auteur avait tort, Mattern ramassa le livre et reprit sa lecture. Plus il avançait, plus il se sentait touché et il avait mal.

À l'heure où vous lisez ces lignes, vous vous demandez peut-être s'il existe une solution aux difficultés qui vous assaillent. Si tel est le cas, je vous dis: NE PERDEZ PAS ESPOIR! Il y a une façon de vous en sortir, de rendre votre fardeau plus léger, une façon de vous aider à réaliser vos objectifs les plus importants...

Mattern semblait envoûté, hypnotisé. Il ne pensait plus au suicide. Il voulait connaître cette recette dont l'auteur parlait. Comment pourrait-il se tirer de l'abîme où il s'était enlisé?

Soudain, il vit la réponse à ses anxiétés se détacher noir sur blanc:

Vous devez acquérir l'art de concevoir clairement dans votre esprit le succès que vous désirez atteindre.

Rappelez-vous! Je vous ai dit plus tôt que ce message n'avait rien de nouveau, qu'il a été répété des milliers de fois; cependant, il est toujours neuf, spécial pour la personne qui le reçoit pour la première fois.

Harold Sherman disait à Mattern exactement ce que je tente de vous faire comprendre de votre force intérieure. À sa façon, Sherman avait découvert cette puissance comme je l'ai découverte à mon tour. Tous deux, nous ressentons le besoin d'en faire profiter les autres.

Mais Mattern était un sceptique, un irréductible. Il lui fallait raisonner le tout: à son sens, chaque étape devait découler d'une certaine logique. Il refusait de se laisser berner par des mots, des promesses sans fondement. Il avait touché le fond du tonneau, il avait déjà trop souffert pour s'accrocher à des trucs qu'il ne pourrait contrôler. Cependant, à mesure qu'il avançait dans sa lecture, les pièces du casse-tête tombaient en place. À la lumière des informations qu'il recevait par le petit livre, il fit le bilan de sa vie, aidé également par les explications sur la façon d'opérer de son esprit et de ses sentiments. Il commençait à voir que ses pensées pessimistes avaient attiré sur lui ses propres malheurs. Lorsqu'il arriva au chapitre où Sherman affirme que l'on peut profiter de ses erreurs passées, que l'on peut en retirer des leçons constructives, que chaque être possède des ressources cachées, des talents ignorés qui ne demandent qu'à être mis à contribution pour aider à sortir d'une crise financière, Mattern se demanda: «Qu'ai-je fait jusqu'ici qui pourrait tourner à mon avantage, qui m'aiderait à gagner de l'argent?»

Il remonta le fil de ses jours et fit la pénible constatation qu'il avait tâté de tous les métiers sans en maîtriser un seul. Sa vie passée lui semblait vide de sens. Soudain, il se rappela que, des années auparavant, il avait conçu une formule de produit capable de nettoyer et de protéger les revêtements de cuir des meubles. Il avait abandonné son projet au moment de toucher le but. «Dis donc, si j'essayais de nouveau...»

Sitôt dit, sitôt fait. Comme un cheveu sur la soupe, directement de son subconscient, la formule refit surface, complète cette fois. Il sut alors qu'elle serait efficace.

Le cadran indiquait deux heures. Mattern, animé d'un enthousiasme dont il ne se croyait plus capable, balança tous ses projets de suicide par la fenêtre et dressa sur-le-champ une liste des ingrédients chimiques dont il aurait besoin pour préparer sa solution. Il se les procurerait dès l'ouverture des magasins et il ne lui resterait qu'à trouver un acheteur.

Tous ses doutes avaient fui pour faire place à une grande confiance en ses moyens et en Dieu. Il avait trouvé sa clé du bonheur.

Mattern s'aperçut que sa formule avait toujours existé dans son subconscient, créée par cette force intérieure en réponse à ses désirs et à ses efforts antérieurs. Seulement, au moment d'aboutir, il lui avait coupé les ponts par son satané pessimisme.

Dès l'ouverture des magasins, Mattern se précipita chez le quincaillier et réussit à obtenir sur crédit les ingrédients nécessaires. Il devait maintenant huit dollars au quincaillier, sept semaines de loyer à sa logeuse, mais il avait la conviction de réussir. Il prépara sa solution, puis il attendit que l'inspiration lui suggère où il devait diriger ses pas pour offrir son produit et ses services.

Le nom de W. & J. Sloane, un important marchand de meubles recouverts de cuir, lui vint à l'esprit. Mattern composa le numéro de la firme et s'adressa ainsi au gérant: «Je m'appelle H.C. Mattern. J'ai conçu et mis au point une solution pour le nettoyage et la préservation des meubles recouverts de cuir. J'aimerais vous en donner une démonstration.»

«Vous pouvez venir, Monsieur; si votre produit est rentable, nous pouvons certainement le mettre à contribution.»

À son arrivée, Mattern fut conduit à un entrepôt où on lui désigna un sofa dans un état pitoyable. Le cuir en était sec et craquelé, et sale par surcroît. C'était un véritable désastre et le test par excellence pour Mattern qui se mit aussitôt à l'oeuvre. Une heure plus tard, il demanda au gérant de venir constater le résultat de son labeur. Celui-ci n'en crut pas ses yeux. «Êtes-vous bien sûr que c'est le même sofa? Les crevasses sont presque disparues, le cuir est souple et il n'y a plus de taches! Monsieur Mattern, vous venez de décrocher un contrat pour la préservation et le nettoyage de tous nos meubles recouverts de cuir.»

Quand Mattern quitta monsieur Sloane, ce matin-là, il avait en poche un chèque de quatre cents dollars en avance sur ses honoraires futurs.

Cette force latente, cette puissance créatrice que je vais essayer de vous apprendre à utiliser pour votre bien, avait fait miracle pour monsieur Mattern. Il aurait pu arriver aux mêmes résultats longtemps auparavant s'il s'était donné la peine de l'appeler à sa rescousse.

Que pensez-vous que fit Mattern en reconnaissance de ce bienfait? Il fit le voeu de ne jamais laisser qui que ce soit dans la détresse, de disposer toujours de temps pour quiconque aurait besoin de conseils.

Ne lisez pas un livre... étudiez-le!

Aujourd'hui, monsieur Mattern et son épouse sont considérés d'un océan à l'autre comme des gens de bien. Ils ont distribué à profusion des exemplaires de livres propres à aider à développer leurs possibilités auprès de présidents de banques, d'industriels, d'hommes d'affaires, de membres de la Chambre des Représentants, de sénateurs, gouverneurs d'états, filles de table, portiers, journaliers, fermiers, garçons d'hôtel, femmes de chambre, porteurs de journaux, maîtresses de maison, gens de toutes races et de toutes religions, de toutes classes et de toutes couleurs.

Sur chacun des livres distribués, les Mattern font imprimer ces mots: «Ne lisez pas ce livre... ÉTUDIEZ-LE.» Ils soulignent certains paragraphes avec des crayons de couleurs différentes afin de capter l'attention. Ils vont même jusqu'à brocher ensemble des chapitres complets avec l'inscription: «Ne débrochez pas si vous n'avez pas compris, si vous ne mettez pas en pratique ce que vous avez lu auparavant.» Ou bien: «N'étudiez pas cette section avant un mois. C'est le temps qu'il vous faut pour assimiler ce que vous venez de lire.»

Mattern affirme que lui et son épouse mettent au moins une heure à préparer ainsi un livre, mais que le travail en vaut la chandelle. Le lecteur a le temps d'assimiler avant d'attaquer un autre chapitre, au lieu de lire sans rien retenir et surtout sans rien faire passer dans sa vie, car c'est ainsi qu'il se bute la tête contre le mur, qu'il se retrouve devant une impasse.

À propos des problèmes que rencontrent la plupart des humains, Mattern affirme que tous se ressemblent en ce qu'ils peuvent être résolus de la même façon: en faisant appel à cette force intérieure que nous possédons tous.

Pour ce qui est de Mattern et de sa charmante épouse, Mary, leur salutation *toujours souriante* rayonne constamment. Leur courage indomptable est le mieux exprimé par le slogan que l'on retrouve sur leurs cartes de visite:

ACCOMPLIR L'IMPOSSIBLE...
NOUS SAVONS COMMENT!

Que pensez-vous de cette force intérieure maintenant? Êtes-vous prêt à la laisser guider votre vie? Si oui, je vous conseille d'adopter la méthode Mattern. Soulignez tous les passages du présent ouvrage qui vous frappent de plein fouet, qui ont un sens à vos yeux, de sorte que chaque pensée s'imprègne dans votre subconscient et passe dans votre vie.

Avant de laisser agir cette force, il est essentiel que vous vous débarrassiez de vos pensées pessimistes, de vos sentiments défaitistes. L'opération pourra se révéler douloureuse car vous couperez dans le vif, mais les dividendes retirés compenseront tellement. Êtes-vous décidé? On y va? Prêt à vous analyser? Alors, en avant!

4

Arrêtez-vous! Faites un examen sérieux!

La vraie grandeur de l'homme réside dans sa conception d'un but honnête, basé sur une appréciation juste de lui-même et des choses, des retours fréquents sur sa conduite, et une soumission aveugle à des règles dont il connaît l'équité, ne se préoccupant pas de savoir ce que pensent ou disent ou font les autres.

Marc Aurèle

Je me refuse à croire qu'il n'existe pas sur terre des personnes lucides qui désirent avancer, mais je me suis souvent demandé si plusieurs d'entre elles ne souffraient pas de négativisme ou d'une certaine inertie qui les empêchaient de se réaliser.

Souffrez que je vous raconte une très vieille anecdote:

Affalés sur une digue du Mississippi, deux Noirs somnolaient. L'un deux s'étira soudain en baillant et soupira:

«Bon sang, que j'aimerais posséder un million de melons d'eau.»

Son compagnon, d'un air coquin, lui demanda:

«Rastus, si tu avais un million de melons d'eau, m'en donnerais-tu la moitié?»

«Non, monsieur.»

«M'en donnerais-tu au moins le quart?»

«Non, monsieur.»

«Rastus, si tu avais un million de melons d'eau, m'en donnerais-tu au moins dix?»

«Non, monsieur.»

«Eh bien, ne pourrais-tu m'en donner un seul?»

«Sam, je ne te donnerais même pas une bouchée de mes melons d'eau.»

«Pourquoi donc, Rastus?»

«Tu es trop fainéant pour penser seulement par toi-même.»

Une grande leçon se cache dans ce petit récit. Vous comprendrez au fil de votre lecture.

Je sais très bien que certains vont se moquer de moi. Il y aura toujours des railleurs pour tourner les autres en ridicule mais l'ironie, que je sache, n'a jamais attiré le succès. Tout ce que de telles gens peuvent faire dans la vie, c'est de verdir de jalousie, piétiner sur place pendant que les audacieux vont de l'avant. Ils n'ont aucun sens des valeurs de la vie. Quelques-uns d'entre vous peuvent être tentés, selon une habitude fâcheuse, de laisser tomber à ce moment-ci, tant pis pour eux! À ceux qui sont vraiment intéressés, qui veulent apprendre, je promets que leur persévérance sera couronnée de succès.

Il est toujours plus facile de se laisser emporter par le courant; il ne faut pourtant pas oublier qu'on doit toujours s'adapter aux gens qui nous entourent.

Un philosophe disait avec raison:

Ne laisse plus ton souffle se confondre avec l'air ambiant, permet plutôt à ton intelligence de s'unir à la grande Intelligence qui meut les gens et les choses.

Respirer ne requiert pas beaucoup d'effort alors que penser demande un certain degré d'énergie. Je ne pense pas qu'il soit nécessaire d'insister sur le fait que j'essaie de vous persuader de vous mettre à l'écoute de ceux qui vous entourent, de vous fondre dans le courant de la vie. Ceux qui ont saisi mon message comprendront que la nature se charge de fournir les moyens de croître correctement.

Arrêtez-vous un instant sur cette pensée et vous constaterez que je vous répète des vérités que vous aviez probablement oubliées. *Rappelez-vous la loi de la compensation qui rétablit un équilibre ébranlé.*

Chacun affronte à sa façon les événements et les choses; c'est pourquoi il n'existe pas de règle uniforme pour tous. Deux personnes peuvent traverser la même rivière, l'une par bateau, l'autre en empruntant le pont. Pourtant, toutes les deux atteignent la même destination. En un mot, la fin justifie les moyens. Si, en fin de compte, vous vous dirigez vers un but précis, suivez les simples directives qui vous sont données ici et vous y arriverez.

Le moment est venu de faire une pause, de réfléchir, d'analyser votre attitude.

Comment vous percevez-vous? Pourquoi?

Croyez-vous retirer de la vie tout ce qu'elle tient en réserve pour vous? Croyez-vous lui donner en retour tout ce qu'elle attend de vous? La vie n'est pas une route à sens unique. C'est un don de Dieu, le Créateur, c'est vrai! Cependant, dès l'instant de votre naissance, Il vous a fait libre. Vous devez respirer par vous-même et continuer ainsi toute votre vie. Vous devez prendre raisonnablement soin de votre corps ou bien vous vous retrouverez sur un lit de souffrance. Vous devez faire fonctionner vos méninges si vous ne voulez pas croupir sur place. Vous représentez aujourd'hui la somme de vos pensées et de vos actes depuis votre premier souffle. Rien ne s'est produit par accident. Vous êtes ce que l'on peut appeler la synthèse de tout ce qui s'est produit dans votre existence en raison de votre attitude mentale par devers les événements et les choses. Le résultat final en est la personne que vous êtes maintenant.

Contemplez votre image dans la glace. Étudiez vos gestes. Chacun d'eux trahit votre personnalité propre.

L'expression de votre visage reflète le fond de votre pensée. Vos yeux sont-ils clairs, droits, sans fléchissements? Votre miroir vous renvoie l'image que les autres se font de vous. Quelle impression voulez-vous faire sur eux? C'est votre affaire!

Vous savez bien si vous avez de la personnalité ou non. Devant son absence, mettez-vous résolument à l'oeuvre afin d'en acquérir.

Comment définir la personnalité? Pourquoi êtes-vous figé lorsque vous vous trouvez en présence d'une personne douée d'une forte personnalité? Qu'est-ce qui provoque chez vous ce complexe d'infériorité?

Ce n'est rien d'autre qu'une force dynamique doublée de volonté et alimentée par le réservoir du subconscient. Des milliers de personnes possèdent ce genre de personnalité - quelques-unes diront que cela leur est naturel; peut-être bien. Tout de même, elles ne peuvent nier faire usage de leur force intérieure.

Elles l'ont reçue à la naissance et l'ont développée très tôt dans leur vie. Lorsque cette chose qu'on appelle personnalité s'allie avec la volonté, les résultats suivent immanquablement.

Une personnalité sympathique se retrouve chez une personne qui fait preuve de confiance et d'aplomb en elle-même. Elle sait pourquoi elle est sur terre, où elle va et connaît la façon d'atteindre son but. Cette détermination se manifeste dans sa physionomie. Elle est digne, elle attire comme un aimant. Tout le monde converge vers une personnalité rayonnante.

Une fois que vous vous connaîtrez vous-même, vous pourrez faire passer rapidement cette détermination, cette volonté d'arriver, dans vos paroles, dans vos actes.

Vous avez déjà entendu dire de telle personne qu'elle avait un regard si pénétrant qu'il semblait fouiller les tréfonds de l'être. Qu'est-ce à dire? C'est simplement l'expression de l'intensité du feu intérieur qui l'anime - appelez-le comme vous voulez, mais cette personne, par son regard intense, obtient habituellement ce qu'elle désire: elle oblige en quelque sorte, commande, attire invinciblement.

Souvenez-vous que les yeux sont le miroir de l'âme. Contemplez les photos d'hommes heureux dans leurs entreprises. Chacun possède cette même intensité dans le regard. Je vous dis donc: faites en sorte que votre feu intérieur se réfléchisse dans votre démarche, dans votre comportement. Les gens vous remarqueront, seront attirés vers vous, votre personnalité s'imposera à eux.

À mon sens, vendre des livres, des obligations d'épargne, des vêtements, de l'assurance, des appareils électriques, des lessiveuses, c'est la même chose que de mettre ses idées sur le marché. J'ai découvert qu'avant de faire accepter une idée, je devais y croire fermement, sérieusement et être persuadé de mon habileté à la faire passer. J'ai également compris que je devais connaître mon sujet à fond, que le succès réside dans une étude solide, patiente, personnelle et intelligente.

Que savez-vous de vous-même? Du monde en général? Votre personnalité en dépend. Vous ne pouvez vous exprimer avec aplomb, sincérité et autorité que si vous avez pris conscience de vos aptitudes et de celles des gens qui gravitent autour de vous.

Réveillez-vous! Jetez un regard autour de vous! Tâchez de comprendre!

Vous pouvez développer votre personnalité en vous tenant à la pointe de l'actualité. Renseignez-vous le plus possible sur les personnes que vous avez rencontrées ou que vous allez rencontrer; votre conversation en sera d'autant plus intéressante. Vous ne savez pas toujours ce qui intéresse les nouveaux amis ou les clients en puissance, et il est parfois nécessaire de capter leur attention en traitant avec eux de sujets entièrement hors de propos. On ne peut toujours parler de la pluie et du beau temps, ou de ses malaises. Scrutez les journaux et revues, soyez à l'écoute des émissions radiophoniques, des bulletins de nouvelles et ne négligez pas les commentateurs de la télé. Ouvrez grands les yeux et les oreilles. Tenez-vous au courant des événements mondiaux. Je ne vous conseille pas de farcir votre esprit de détails scabreux, de meurtres et suicides; je vous propose simplement d'acquérir une connaissance raisonnable des événements nationaux et internationaux afin d'élargir vos horizons et d'augmenter votre bagage de sujets à traiter.

N'oubliez jamais que connaître, c'est pouvoir! Ces mots sentent le lieu commun mais Dieu sait comme ils sont toujours d'actualité!

Estime-t-on la conversation d'une personne sans culture, ignorante et égoïste?

Élargissez vos connaissances et vous verrez s'agrandir votre champ d'intérêt parce que vous serez toujours poussé vers d'autres inconnus. Plus vos ambitions prendront de l'ampleur, plus les choses que vous considériez auparavant d'importance capitale diminueront en valeur et seront finalement reléguées aux oubliettes. Vous vous êtes placé à la remorque d'une étoile et filez à la vitesse de l'éclair.

Avant d'atteindre ces hautes sphères, il faut étudier, apprendre, travailler, développer son sens de l'observation. Roulez à tombeau ouvert! Faites encore mieux: prenez votre essor à la manière d'un jet! Soyez alerte et, par ricochet, ceux qui marchent dans votre sillage le deviendront. Vous les aiderez à se réaliser et ils vous en aimeront davantage pour votre magnétisme. Vous avez certainement entendu cette remarque: «J'ai plaisir à me retrouver en sa compagnie: il me remonte le moral.»

Votre confiance en vos moyens, votre enthousiasme, feront de vous l'aimant chargé de retombées bénéfiques pour qui vous approchera. C'est cela le concept de la vie et il est aussi vieux que le monde. Les semblables s'attirent, je le répète. Cela ne me fait ni chaud ni froid de savoir que je ne suis pas le premier à vous le seriner. À force de redites, cet adage finira bien par pénétrer au plus profond de vous-même. Les semblables s'attirent. Un rire engendre le rire, une bonne action en appelle une autre, la fortune suscite la fortune, l'amour convie à l'amour - vous pouvez continuer sur cette lancée. Le principe est solide, il est contagieux. La vieille loi de l'attraction des semblables ne rate jamais son coup.

Mais surtout n'allez pas croire que je suis en train de vous donner la recette infaillible de la réussite et qu'il vous suffira de vous asseoir, de vous répéter mes propos pour voir vos désirs se réaliser. Cela n'est pas aussi simple. Le désir seul ne suffit pas. Il faut également du cran, du caractère, et il est essentiel que les deux soient synchronisés afin de s'articuler harmonieusement. Une fois cet accord accompli, votre personnalité ne mettra guère de temps à se manifester. Agissez avec énergie et détermination et vous pourrez déplacer les montagnes.

Un jour ou l'autre, vous avez dû rencontrer et admirer ce genre de personne débordante de dynamisme. Je parle ici du type qui va résolument de l'avant, la tête haute et le regard pétillant. Son espèce ne court pas les rues. Elle est plus rare que celle des resquilleurs, des lâches, des traîne-savates, dépourvus d'énergie et morts à demi, véritables fainéants toujours prêts à baisser pavillon.

Découvrez les défauts de votre cuirasse

Prenez la mesure de vos moyens, observez ceux qui vous entourent et vous découvrirez sans difficulté les prédestinés au succès et les condamnés à l'échec. Vous êtes de ces derniers? Alors, vite! Lancez-vous à l'assaut!

Nous sommes des minables, cher Brutus, mais de nous vient la cause, non pas des autres.

Par ces mots et ses autres ouvrages, Shakespeare trahit sa connaissance et son utilisation de sa force intérieure, cette force dont je parle depuis le début. Cet auteur s'est élevé au sommet du firmament littéraire et conserve une place à part dans ce domaine grâce à l'usage qu'il fit de sa puissance créatrice.

Vous n'avez qu'à vous frapper la poitrine et dire *Mea culpa* si vous n'êtes pas ce que vous désirez être, si vous n'avez pas atteint le but envisagé.

Vous êtes un minable, un timide, un arriéré? Ne vous en prenez qu'à vous-même. Ne rejetez le blâme ni sur les astres, ni sur la société. Vous êtes au volant de votre propre voiture; passez les vitesses. Ne restez pas en première, passez à la grande vitesse. Il est temps de penser sérieusement à ce que vous désirez accomplir; vous verrez les choses bouger d'elles-mêmes.

Une attitude négative à souvent été à la source de dépressions nerveuses et pourrait en susciter d'autres. Si l'homme cède à la panique, si la peur, la soif de posséder s'emparent de son esprit, si la misère s'installe dans le pays, si un grand nombre de personnes deviennent trop exigeantes ou poussent trop fort à la barre, les marchés financiers de partout pourraient en être perturbés.

Lorsque vous broyez du noir, ceux qui vous entourent en prennent un coup de pessimisme par ricochet. Quand le baromètre enregistre une baisse, il y a de l'orage dans l'air. Un visage mélancolique fait naître la tristesse. Laissez vos problèmes et vos difficultés à la maison. Personne ne désire sciemment les partager; chacun a les siens et il lui faut toutes ses énergies pour réussir à s'en tirer.

Cessez de broyer du noir!

Représentez-vous faisant un joyeux colis de vos problèmes et tristesses et les abandonnant le long du chemin. Mieux encore, jetez-les du haut d'un pont et laissez le courant les emporter sans retour.

Vous croyez que cela n'est pas possible? Comme vous vous trompez! Réfléchissez un instant! De toujours ruminer vos problèmes vous aide-t-il à les résoudre, à vous redonner la joie de vivre?

Allons, secouez-vous! Vous ne pourrez jamais devenir vous-même si vous persistez à vivre dans le passé, à ressasser des événements auxquels vous ne pouvez rien changer.

Si ruminer pouvait solutionner les problèmes, il y a de nombreuses années que je m'en servirais. Malheureusement, il est prouvé que cette attitude d'esprit ne fait qu'empirer les choses.

En plaçant tous les problèmes de la terre bout à bout, on pourrait paver la route jusqu'à la lune aller-retour. Vous avez sûrement connu des gens qui se drapent dans leurs chagrins comme dans les plis d'un drapeau. Ils font partie de l'ordre des pâtes molles et des rabat-joie. Tout ce qui leur arrive est marqué au coin de l'insuccès. Ils ont perdu temporairement la capacité de voir le bien là où il se trouve. Ils ne peuvent jouir du temps présent car ils regrettent le passé et appréhendent l'avenir.

Un des plus grands sages que j'ai connus, doué d'une acuité intellectuelle et spirituelle peu commune, me disait un jour: «N'oubliez jamais que *la vie est un projet personnel, individuel.* Vous pouvez, à certains moments, déposer votre fardeau sur les épaules de ceux qui vous entourent, déléguer vos responsabilités, essayer d'échapper aux conséquences de vos actes, rappelez-vous que vous vivez dans un monde où rien ne se produit accidentellement, il y a toujours relation de cause à effet, et vous êtes seul responsable de ce qui vous arrive car vous attirez les résultats par votre propre pensée, par vos propres désirs.»

Je me suis prouvé ceci à moi-même nombre de fois durant ma vie. Si vous voulez contempler objectivement votre vie, vous verrez que le même phénomène s'est produit chez vous. Il me souvient d'avoir fait cette remarque à des gens qui m'ont répliqué: «Mais c'est effrayant, ce que vous avancez là! Vous dites que nous sommes causes de nos insuccès, de nos maladies, de notre malheur, de nos désastres économiques...» Lorsque j'affirmai: «Sûrement, quand vous rencontrez des rebuffades ou des échecs, vous n'avez qu'à vous en prendre à vous-mêmes», ils murmurèrent: «Pourtant, tel n'était pas notre but.»

Probablement pas, réellement! Ils ne se voyaient pas échouer, manquer de fonds, en proie à une dépression nerveuse, en baisse de popularité, perdant leurs amis, en proie au malheur, mais leur état d'esprit se trahissait par des remarques de ce genre:

«Il n'y a qu'à moi que cela puisse arriver.»

«Cela ne servirait à rien d'essayer - je sais que je ne réussirai pas.»

«Je ne veux pas le rencontrer... je sais que je ne l'aimerai pas.»

«C'est bien ma chance! J'attire toujours la malchance!»

«Je me sens si mal que je préférerais être mort.»

«Je suis lavé. Je ne sais plus comment m'en tirer.»

«Oui, je me sens bien aujourd'hui mais rien ne dit que je ne serai pas pire demain.»

N'est-ce pas merveilleux de nourrir de telles pensées? Pouvez-vous imaginer le sourire de la réussite avec des pensées aussi sombres?

Cette attitude d'esprit ne peut qu'attirer les revers. Pourtant, combien d'entre nous, dans des moments sombres, ont prononcé ces paroles ou d'autres du même acabit pour se demander ensuite pourquoi les choses tournaient au vinaigre?

Fourbissez vos armes!

Examinez bien les atouts dont vous disposez. Nous vivons des temps extraordinaires, et ceux qui ne seront pas préparés connaîtront la frayeur, en seront perturbés.

Tout change à un rythme déconcertant. Les inventions se multiplient avec une rapidité effarante. Des choses que l'on croyait irréalisables, qui faisaient hausser les épaules il y a seulement quelques années, font maintenant partie du quotidien. Et l'avenir nous réserve encore d'autres surprises.

Prenez l'habitude de garder les yeux du corps et de l'esprit bien ouverts, d'utiliser votre force intérieure, cette énergie latente qui vous facilitera l'adaptation de sorte que vous pourrez éviter d'être désarçonné.

Vous devez apprendre à discerner la vérité, complément de votre expérience passée, qui s'accorde avec votre logique et réponde à vos intuitions - et réserver votre jugement sur les choses nouvelles jusqu'à ce que vous en ayez fait la preuve dans votre vie. Il ne suffit pas de connaître les voies de l'esprit, il faut savoir s'en servir.

Vous avez sans doute entendu ce vieil adage: «La foi sans les actions est une foi morte»? Vous devez donc travailler, donner de vous-même si vous voulez développer cet esprit créateur afin qu'il fasse pour vous ce qu'il a fait pour tant d'autres.

Les gens qui réussissent dans ce monde sont ceux qui possèdent la vision de ce qu'ils veulent devenir, qui se débarrassent de leurs craintes et de leurs soucis, qui savent demeurer calmes et sereins en dépit des circonstances, qui assument une attitude mentale réaliste et peuvent, sous la tension, maîtriser leurs sentiments.

Voilà le but que vous devez poursuivre; il agira comme un tampon et un guide dans le monde vertigineux d'aujourd'hui.

Allez-y! Foncez!

Faites maison nette maintenant de tous les concepts étroits et limités. Ne dites plus jamais que quelque chose est impossible, même s'il en paraît ainsi sur le moment. Rayez ce mot de votre vocabulaire. Ne brimez pas votre esprit par des pensées défaitistes. Débarrassez-vous de tous sentiments rancuniers, haineux à l'égard d'autrui. Ces pensées vous empêchent de voir les choses dans leur véritable perspective. Elles font obstacle à votre progrès en faisant échec à votre force créatrice.

Vous pouvez contrer les effets maléfiques des pensées pessimistes en tâchant de développer chez vous une parfaite maîtrise de vos sentiments. Vous devez apprendre à vous détendre physiquement, à faire le vide dans votre esprit et à lui communiquer les images importantes, à vous débarrassez du souvenir des erreurs passées qui minent votre pouvoir agissant.

Les semblables s'attirent! On ne saurait trop le répéter. C'est aussi simple que cela. Mais vous ne pourrez jamais rectifier votre attitude sans examiner ce qui a cloché dans le passé.

J'entends des protestations: «Mais j'essaie d'oublier mon passé!»

Malheureusement, quoi que vous puissiez faire, le cerveau humain n'est pas une machine à pistons. Ce qu'il capte, il le retient de toutes ses forces à moins que vous, par une action déterminée, avec pleine connaissance et une volonté irréductible, ne changiez l'image conservée ou vous en désistiez tout bonnement.

Combien de fois avez-vous été troublé par des ouï-dire ou des actions malveillantes? Ces incidents se sont logés dans les cellules de votre cerveau. Lorsque vous pensez à la personne qui a agi ainsi, le souvenir de ses mesquineries vous revient, et cela jusqu'à ce que vous vainquiez cette habitude de retour en arrière. Si vous ne la détruisez pas, si vous ne coupez pas dans le vif, vous nourrissez un serpent dans votre sein sous forme d'irritation constante envers cette personne. Cette crispation fomentera souvent des troubles d'ordre physique ou mental.

Voulez-vous que ces irritations vous en attirent d'autres dans l'avenir? Non? Alors, à l'oeuvre! Éliminez, coupez, retranchez de votre subconscient.

À bas les illusions!

Vous vous connaissez beaucoup mieux que n'importe qui, c'est pourquoi il vous revient de faire votre propre examen. Vous avez probablement réussi à camoufler vos sentiments réels devant les autres, mais en vous retrouvant seul avec vous-même, vous les reconnaissez. Il est temps de retrousser vos manches, de rebrousser chemin.

Pardonnez aux autres leurs erreurs, prenez votre part du blâme. Ne gardez pas rancune, abolissez la haine. Ces défauts vous empoisonnent l'existence, créent chez vous un certain déséquilibre physique et vous rendent terriblement vulnérable. Les médecins attribuent à des désordres émotifs et nerveux des afflictions telles que l'arthrite, le rhumatisme, le zona, quelques formes d'épilepsie et nombre d'autres. On a même découvert que des personnes atteintes de cancer pouvaient prolonger leurs jours en adoptant une attitude optimiste et sans frayeur, tout en restant maîtresses de leurs sentiments.

Ce petit quelque chose, cette force intérieure, possède des pouvoirs illimités, il aide à vaincre, à guérir, à créer, à attirer, une fois que vous en connaissez le fonctionnement.

Que vous déteniez ce pouvoir dépend de vous. Êtes-vous prêt à tenter l'effort? Dans l'affirmative, suivez mon raisonnement de chapitre en chapitre. Méditez et mettez en pratique. Lorsque nous atteindrons ensemble le terme de notre voyage, vous aurez la réponse à vos interrogations secrètes et serez en mesure de continuer *seul.*

5

Conception d'images mentales

> *Tournez les yeux vers l'intérieur; cherchez la fontaine de vérité; elle jaillira sans qu'il soit nécessaire de creuser.*
>
> (Un vieil adage)

Avant de pouvoir rejoindre cette force intérieure que vous possédez, il vous faut connaître les rouages de votre cerveau. Elle forme la partie la plus puissante de votre esprit tout en demeurant la plus insaisissable, la plus intangible, jusqu'au moment où vous en ayez compris le fonctionnement.

Saviez-vous que l'homme ne pense pas avec des mots? Il pense en images. Puisqu'il en est ainsi, votre esprit ne diffère pas de celui de l'homme primitif dans ses fonctions mécaniques.

Avant l'avènement de l'expression orale, l'homme primitif s'exprimait à l'aide d'images. Au retour d'une randonnée de chasse, il racontait les péripéties de son voyage par le truchement de dessins grossiers au fusain, ou de gravures burinées sur les murs de pierre de sa caverne.

Graduellement, ses congénères en vinrent à comprendre dès la première esquisse dans des occasions similaires, surtout qu'il les accompagnait de sons. Ces images primitives, de plus en plus abrégées, prirent bientôt la forme de symboles, les symboles une fois groupés devinrent des mots, des lettres, des phrases, et c'est ainsi que naquit la première forme de langage.

Malgré notre civilisation en mal de gloriole, l'évolution des langues, le gigantesque vocabulaire au service de l'homme moderne pour décrire ses sensations, exprimer ses idées, celui-ci a continuellement recours aux images mentales. Je puis facilement vous prouver ce que j'avance.

Réfléchissez pendant quelques instants à un incident qui s'est produit aujourd'hui. Il se présente à votre esprit sous la forme de représentations imagées, n'est-ce pas? Vous vous voyez posant tel geste, adoptant telle posture, rencontrant quelqu'un. Vous ne pouvez me raconter ce qui s'est produit sans recourir à des mots, symboles de cet incident. À mon tour, en vous écoutant, je dois traduire vos paroles en autant d'images dans mon esprit afin de saisir le message que vous voulez me passer.

Il est donc logique d'affirmer que, fondamentalement, nous pensons en images. Voilà un des aspects les plus importants du mécanisme de notre cerveau. Vous pouvez y ajouter le principe suivant: Si l'image que vous vous êtes faite se conjugue avec votre puissance créatrice, elle attirera vers vous l'objet de vos désirs ou de vos craintes.

Force créatrice = véritable aimant

Cette force intérieure agit comme un puissant aimant. Il suffit de concevoir une image claire et précise de ce que vous désirez. Dès l'instant où cette image est transmise à votre énergie créatrice, celle-ci passe à l'action. Comme l'aimant, elle attire les choses, les ressources, fait naître les occasions, les circonstances, conduit vers vous les gens qui peuvent contribuer à la réalisation de vos aspirations.

Vous ne me croyez pas? Alors, revenez en arrière. Souvenez-vous des craintes que vous avez entretenues à l'égard d'un certain projet et de l'échec cuisant qui en est résulté. Vous ne vous en rendiez peut-être pas compte mais vos craintes ont influencé votre puissance créatrice et ont été la cause de vos déboires.

Voyez-vous, cette force intérieure ne raisonne pas; elle subit vos impulsions tout simplement, vous seconde ou agit à l'encontre de vos désirs selon que l'image transmise est réaliste ou défaitiste. C'est pour cela que je la compare au T.N.T. qui, pour agir, doit recevoir l'impulsion d'ailleurs.

Maintenant, il vous est possible de voir la raison de vos succès et de vos échecs. Cette force intérieure vous a servi fidèlement et les résultats obtenus dépendent des images mentales que vous lui avez présentées.

Passez votre vie en revue à la lumière de ce que j'avance. Y découvrez-vous autant de succès que d'échecs? Si tel est le cas, mettez-vous à l'oeuvre tout de suite. Il importe de changer votre attitude mentale en faisant table rase de vos soucis et de vos craintes pour les remplacer par des pensées plus constructives.

Il faut enfin se rendre à l'évidence: nous sommes à l'image de nos pensées: ceux qui ont compris l'action de cette force créatrice n'en doutent plus.

Vous êtes à l'image de vos pensées! Gardez toujours ces mots présents à votre esprit, qu'ils dominent vos actions. Dès que vos pensées deviennent moroses, que vous êtes en proie à l'indécision ou que vous avez tendance à conservez le souvenir de représentations débilitantes dans votre subsconscient, marquez un temps d'arrêt. Voulez-vous que votre force créatrice travaille à partir de telles images? Chassez-les au plus tôt. Substituez-leur des pensées optimistes. Laissez les sentiments de crainte, de haine, de rancoeur, de jalousie à d'autres. De la sorte, vous détruirez l'ascendant que ces images défaitistes pourraient exercer sur vous.

Gare à l'usage malencontreux du T.N.T.!

Votre T.N.T. a le pouvoir de vous propulser vers des sphères supérieures si vous l'utilisez à bon escient comme il peut vous détruire dans le cas contraire.

Une fois votre esprit dégagé des images défaitistes, vous êtes prêt à concevoir avec foi et confiance des images génératrices de réactions positives.

La foi est le grand levier de cette force intérieure. J'en reparlerai plus loin. Pour le moment, j'insiste sur la nécessité de croire, avec une confiance inébranlable, que ce que vous envisagez se produira. Le doute agit tel un agent destructeur de l'image et sert de repoussoir devant les moyens d'atteindre le but fixé. Vous ne récolterez alors que des demi-résultats ou des échecs retentissants.

Représentez-vous l'objectif visé comme s'il était déjà atteint. Croyez que vous possédez l'objet de vos désirs, que vous êtes vraiment ce à quoi vous aspirez, que vous accomplissez ce que vous envisagez. Ne vous perdez pas en conjectures, n'essayez pas de prévoir étape par étape la marche à suivre. Votre esprit tel quel est plutôt borné, limité par les sens, et il ne peut ainsi préciser quels gestes ou quels actes il faudra poser, quelle direction il faudra prendre. Au contraire, votre subconscient ne souffre pas de ces handicaps. Il n'est pas limité par le temps ou l'espace. Il peut faire ce qu'il veut, aller où il veut, vous placer dans les conditions favorables au succès de votre entreprise, vous mettre en contact avec les personnes susceptibles de vous seconder, des gens dont vous ignorez complètement l'existence.

Tout ce dont vous aurez besoin pour atteindre votre but sera attiré vers vous par cette force intérieure pourvu que vous persévériez dans votre vision, jour après jour, que vous y tendiez de toutes les forces de votre volonté.

Voilà un procédé très élémentaire. Il produira cependant des effets, des résultats infaillibles à la longue, si vous parvenez à maîtriser l'art de créer les images dont vous alimenterez votre force intérieure.

N'oubliez pas qu'il existe deux sortes d'esprits: l'un visuel, l'autre sensible. Si vous ne réussissez pas à faire surgir l'image de ce que vous désirez, n'y perdez pas votre latin... vous êtes probablement du type qui ressent. Concentrez alors votre esprit sur un point bien défini dans votre force intérieure et laissez-vous guider par la certitude que ce que vous désirez existe vraiment. Pour le faire passer dans votre vie, donnez carte blanche à votre force intérieure et à son effet magnétique sur les choses et les gens. Vous obtiendrez les mêmes résultats que les gens du type visuel.

Savoir se détendre

Il va sans dire que, avant de vous concentrer sur un projet, vous devez maîtriser l'art de vous détendre physiquement et nettoyer votre esprit de tout ce qui pourrait faire obstacle à vos projets.

Pouvez-vous relaxer? Savez-vous faire le vide dans votre esprit en même temps que relâcher vos muscles tendus, avant de vous livrer à la création de l'image par la méditation?

Beaucoup de personnes m'ont dit éprouver des difficultés inouïes à détendre le corps et l'esprit. Ils sentent comme un noeud sous la nuque, au-dessus des yeux, au creux de l'estomac, souffrent d'une véritable anxiété. Ils m'affirment ne s'être jamais rendu compte de leur degré de tension jusqu'au moment où ils ont tenté de libérer leur corps et leur esprit. Quelques-uns ont découvert que leur esprit regorgeait de peurs irraisonnées, de soucis inavoués et de pensées confuses, à tel point qu'ils se trouvaient dans l'impossibilité de créer le vide nécessaire à la réflexion positive.

Cela ne me surprend pas du tout. Nous menons à peu près tous une vie trépidante, mouvementée. Nous avons acquis de vilaines habitudes et plusieurs d'entre nous n'ont aucune emprise sur leurs impressions. Nous sommes sujets à toutes sortes de contrariétés et les entassons dans notre esprit. Elles sont là, le soir, lancinantes, lorsque nous tentons de nous reposer, de nous détendre, de penser d'une manière constructive. Il arrive alors ce qui doit se produire: nous ne pouvons penser sainement car nos soucis prennent alors des proportions gigantesques à la faveur du repos que nous essayons de créer.

Comment s'en débarrasser? Voilà la grande question. Si vous parvenez à résoudre ce problème, vous possédez la clé de la réussite. Cependant, vous devez à coup sûr trouver une solution si vous voulez atteindre cette clarté d'esprit qui permet de concevoir nettement l'objectif.

Avez-vous déjà entendu dire que l'esprit ne peut contenir plus d'une idée à la fois. Cela paraît paradoxal, pourtant c'est vrai! Il est impossible de penser à deux ou plusieurs choses simultanément. Le secret de la concentration consiste à fixer les yeux de l'esprit sur un point unique au milieu d'un écran fictif. Imaginez et regardez cet écran installé dans les profondeurs de votre pensée; aussi longtemps que vous fixerez votre attention sur cet écran, aucune crainte ni aucun souci ne pourront vous envahir.

Projetez votre propre image

Prenez tout votre temps, détendez-vous et projetez votre image sur cet écran dont je vous parlais tout à l'heure. Ne ruminez pas trop longtemps. Du moment que vous sentez que votre message a été enregistré, dites-vous: «Bon, c'est fini maintenant; le travail de création est terminé», ou des paroles de ce genre, puis laissez votre force intérieure prendre la relève.

Si vous preniez des photos, vous n'ouvririez pas votre appareil après chaque déclic pour vérifier si la photo a été enregistrée, n'est-ce pas? Ayez confiance, soyez convaincu que votre force intérieure va s'occuper de ce travail à votre place. Continuez votre train de vie, vaquez à vos occupations habituelles avec la certitude que ce que vous avez conçu est en voie de réalisation. Seulement, il vous faudra persévérer dans le rappel de votre image tous les jours, et plusieurs fois par jour, même avant de vous retirer pour la nuit, jusqu'à ce que votre objectif soit passé de rêve à réalité.

Maintenant, la question se pose à savoir comment vous allez vous y prendre. Vous ne pouvez rester là, sans bouger, en vous reposant sur votre force intérieure pour faire tout le travail. La meilleure façon de la seconder consiste à dépenser toutes ses énergies pour atteindre son objectif. Parfois, vous ne toucherez pas le but proposé, mais vous arriverez à quelque chose de meilleur.

Bill McDaniel était un représentant d'assurances très compétent. Il croyait au pouvoir de l'esprit et attribuait ses réussites à l'utilisation qu'il en faisait. Il partait du principe que, s'il croyait fermement qu'une vente de police d'assurance ou de rente viagère était déjà dans le sac, c'était mission accomplie. Cependant, il ne se perdait pas en rêveries et fantasmes. Il établissait les contacts nécessaires, suscitait les entrevues et préparait la voie à la réalisation de son objectif. Il se présenta des occasions où son intuition le persuada qu'il valait mieux ne pas insister, marquer le pas et guetter le moment favorable.

Voici un exemple de cette attitude chez lui: Bill tentait depuis un certain temps de vendre une rente viagère à un courtier de Wall Street, mais se butait continuellement à un mur de béton. Le courtier avait une manie: il ne supportait pas les retards. Quelqu'un lui demandait-il un rendez-vous et arrivait-il un petit cinq minutes en retard, il se butait à une fin de non-recevoir. Ce monsieur avait une haute opinion de sa valeur personnelle et son temps était précieux. De plus, parce qu'il voyageait beaucoup pour son travail, il était extrêmement difficile à rejoindre.

Un beau matin, McDaniel joua de chance. Il devait rencontrer ce courtier à son bureau à onze heures pile. Bill prit le métro très en avance afin de ne pas être en retard au rendez-vous. À Times Square, il devait changer de train pour Wall Street. Comme il se hâtait vers son compartiment, il buta sur une vieille dame de race étrangère agrippée à un sac démodé et gémissant de frayeur, toute désorientée. Elle n'était autre chose qu'une des nombreuses tragédies qui sont monnaie courante dans des villes de la taille de New York. Le souvenir de la détresse de la vieille dame s'accrocha à l'esprit de McDaniel pendant qu'il enfilait à grandes enjambées l'escalier menant à sa rampe de métro. Il consulta sa montre et constata qu'elle indiquait onze heures moins vingt. Sachant qu'il y aurait un autre train dans quelques minutes, il revint sur ces pas et accosta la vieille dame:

«Bonjour, madame», dit-il. «Puis-je vous être utile en quelque chose? Êtes-vous égarée?»

Les yeux de la dame brillèrent de soulagement: «Oui», dit-elle.

«Comment vous nommez-vous? Où habitez-vous?»

Elle secoua la tête: «Je ne sais pas.»

La pauvre était si troublée et mal à son aise qu'elle ne pouvait penser clairement.

Bill demanda: «Me permettez-vous de regarder dans votre sac?»

Elle le lui tendit et Bill fureta dans le fouillis de choses hétéroclites que seule une femme peut transporter dans son sac. Il trouva enfin un bout de papier sur lequel étaient inscrits un nom et une adresse dans Brooklyn.

Bill lut tout haut et demanda à la dame s'il s'agissait de sa fille.

«Oui, oui,» répondit la dame soulagée, «ma fille».

«Vous allez chez elle?»

«Oui, oui.»

Alors, Bill lui prit le bras et la guida vers la rampe de métro qui se dirigeait vers Brooklyn. Il dit au serre-freins: «S'il vous plaît, cette dame est égarée. Elle s'en va chez sa fille à Brooklyn. Voici son adresse. Voulez-vous en aviser le préposé à la station où elle doit descendre et lui demander de la mettre dans un taxi à cette adresse, ou d'appeler sa fille qui pourra venir la chercher?»

«Avec plaisir, monsieur», répondit le préposé en prenant le papier portant l'adresse. «Montez, madame. Nous allons nous occuper de vous.»

Au moment où la porte se refermait sur elle, la vieille dame dit d'une voix brisée par l'émotion: «Que Dieu vous bénisse!»

Quand la chance frappe à la porte

Bill jeta alors un coup d'oeil à sa montre. Bigre! Il ne lui restait que sept minutes pour se rendre chez le courtier. Il serait en retard; adieu la vente! Un autre que Bill eut peut-être dit: «Voilà ce que c'est que de jouer les bons Samaritains; je viens de rater la chance de vendre une police de cinquante mille dollars.» Il ne put s'empêcher cependant de ressentir un petit pincement au coeur. Le fruit de plusieurs semaines de travail, d'efforts réduit à néant. Comment avait-il pu se laisser distraire à ce point de son but? Nul doute que quelqu'un d'autre, moins pressé, se fût porté à la rescousse de la vieille dame. Il ne pouvait comprendre pourquoi il avait rebroussé chemin. Peut-être lui est-il venu à la pensée que s'il s'était agi de sa mère, il aurait aimé voir quelqu'un s'en occuper.

Eh bien, il en était quitte pour perdre le contrat, mais il pouvait se reprendre. S'il avait continué son chemin, il aurait été hanté par le regard désespéré de la pauvre femme en détresse. Pourtant, la chance de décrocher ce contrat mirobolant ne se représenterait pas tous les jours.

Au moment où Bill allait sauter dans un autre compartiment afin de retourner à son bureau, il s'avisa soudain qu'il se trouvait dans le voisinage d'un autre client éventuel - angle Quarante-deuxième et Cinquième - à qui il avait soumis les données d'un contrat de cent mille dollars il y avait de cela six semaines environ. Bill avait lu dans les journaux que ce monsieur venait de rentrer d'Europe. Pourquoi ne pas lui faire une petite visite, histoire de se rappeler simplement à son souvenir?

Il se rendit donc au bureau de son client. L'antichambre était bondée. Bill fit volte-face. Cela ne lui servirait à rien d'attendre: il n'avait pas de rendez-vous et il devrait patienter pendant des heures avant de pouvoir être admis. Au moment où il s'acheminait vers l'ascenseur, il remarqua que l'autre porte du bureau de ce monsieur était ouverte sur le corridor. Il faisait une de ces chaleurs d'août et il avait probablement besoin d'un courant d'air.

Spontanément, Bill se dirigea vers la porte ouverte et jeta un coup d'oeil à l'intérieur. À sa grande surprise, l'homme était fin seul, occupé à étudier attentivement des documents sur son bureau. Il leva la tête et aperçut Bill. «McDaniel! s'exclama-t-il. Entrez, mais entrez donc! Quelle coïncidence! Je suis en train d'étudier votre proposition et j'allais justement vous appeler. J'ai été impliqué dans un accident d'automobile hier soir et j'ai décidé que j'avais besoin d'un surplus d'assurance.»

«Mais, il y a une foule de gens qui vous attendent», protesta Bill pour la forme.

«Qu'ils attendent! Ceci est beaucoup plus important!»

Lorsque Bill repartit quelque quarante minutes plus tard, il avait en poche un contrat de rente viagère de cent mille dollars. Tout cela parce qu'il avait aidé une vieille dame à retrouver son chemin.

Vous voyez ce que je veux dire?

«J'ai reçu là la plus grande leçon de ma vie , conclut Bill après m'avoir relaté cette aventure. Donnez de vous-même et vous serez payé au centuple.»

Vous pouvez profiter de cette anecdote vous aussi. Soyez sûr de ce que vous désirez atteindre; faites tout en votre possible pour y arriver. Quand les choses semblent aller mal, ayez confiance qu'il en sortira quelque chose de bon, peut-être meilleur que ce que vous attendiez. C'est souvent le cas.

Le fait de prendre contact avec cette force intérieure, par la pensée, ne peut qu'attirer des effets positifs. Une simple suggestion rejetée ou perdue peut être comparée à un bouchon jaillissant d'une bouteille de champagne et allant tomber on ne sait où. Pourtant, cette même pensée conservée dans l'esprit attirera comme un aimant l'effet qu'on en attend. Plus l'aimant est puissant, plus sa force d'attraction sera grande; ainsi en est-il de la persévérance. Plus la pensée est forte, plus les effets sont considérables.

Une loupe géante faisant converger les rayons du soleil sur un objet finit par y percer un trou; ainsi la pensée puissante et persévérante concentrée sur un seul objectif fera son chemin. Cependant, vous devez toujours vous représenter votre but comme déjà atteint, voir tous les détails de l'opération exactement comme vous le désirez: alors, comme par enchantement, tous les morceaux tomberont en place.

Relisez ces paragraphes, pénétrez-vous-en jusqu'à assimilation complète.

6

Du rêve à la réalité

À tout propos, l'on entend répéter: «Une personne peut toujours rêver, n'est-ce-pas?» Voilà une phrase lancée en l'air, vide de confiance en la réussite!

À tout événement, celui qui a l'audace de croire en ses rêves est en grande partie l'auteur de son avenir.

Vous ne seriez pas normal si vous ne caressiez pas des rêves ou, comme on dit communément, si vous ne bâtissiez pas des châteaux en Espagne. Même si vous répugnez à l'avouer, vous vous y laissez prendre à l'occasion: lorsque vous vous imaginez, avec un certain plaisir, occuper telle position, propriétaire de telle chose - à ces moments précis, vous bâtissez des châteaux en Espagne. Pourtant, rares sont les cas où vous permettez à votre force intérieure de s'emparer de ces rêves pour les transformer en réalités. Jamais vous n'avez eu la foi qui transporte les montagnes pour arriver à des résultats concrets. Si vous aviez déployé une application sérieuse, votre subconscient vous aurait sûrement aidé.

«Oh, je ne me fais pas d'illusion , me disait une dame qui se berçait de l'espoir de voir un jour l'Europe. Mais je prends plaisir à m'y imaginer.»

Lorsque je lui dis qu'elle pourrait certainement aller en Europe si elle le désirait vivement, elle me rit au nez et répliqua: «Je ne vois vraiment pas comment cela pourrait se produire. Je n'aurai jamais assez d'argent.»

«Vous n'irez certainement pas si vous continuez à penser de cette façon», lui dis-je. «Chaque fois que vous en parlez, votre vocabulaire fourmille de *Je ne crois pas... Je ne m'attends pas... Je n'aurais jamais...* Sans cesse, vous dictez une action négative à votre force intérieure, vous la persuadez de vous empêcher de trouver suffisamment d'argent pour faire les choses qui vous attirent - et vous obtenez infailliblement ce que vous vous représentez.»

Il m'a fallu quelque temps pour la convaincre de son attitude négative. Elle finit par se rendre à mon raisonnement. «Très bien, dit-elle. Dorénavant, je vais penser positivement. Mais je ne vois pas encore comment cela m'aidera à me rendre en Europe.»

«Donnez carte blanche à votre force intérieure, faites confiance à votre subconscient. Persuadez-vous que vous irez en Europe et passez-lui le message. Elle trouvera bien le moyen de vous faire obtenir l'argent nécessaire. Persévérez dans vos pensées optimistes.»

«Vos paroles me semblent illogiques, insensées, mais je suis prête à tenter l'expérience, à essayer.»

«Attention! Il faut avoir confiance. Vous ne pouvez uniquement vous imaginer voguant vers l'Europe sans en avoir la certitude.»

«Bien! Je vais suivre vos conseils et nous verrons ce qui se produira.»

«Un moment! Vos paroles respirent déjà le doute. Vous n'allez pas *voir si cela va réussir*, vous allez *voir cela réussir.*»

«Je ne comprendrai jamais votre façon de penser», dit-elle en riant.

Huit mois plus tard, je recevais d'Europe une lettre de cette même dame. Je ne reconnus pas le nom mais, à certains détails, je pus l'identifier.

«Je suis en Europe , me disait-elle en substance. Votre système est excellent. Tout s'est passé exactement comme vous me l'aviez prédit. Seulement, j'ai dû me marier avant de voir ce beau pays.»

Merveilleux, pensais-je. Non seulement a-t-elle obtenu son voyage en Europe, mais un époux de surcroît. Lorsque vous commencez à désirer profondément certaines choses, vous partez gagnant, le résultat peut dépasser vos espérances.

Faites travailler votre matière grise

Clarence Saunders a aujourd'hui soixante-sept ans et il est en voie d'acquérir une troisième fortune. Il en avait à peine trente-cinq lorsque son rêve de supermarché Piggly Wiggly se réalisa et lui apporta des dividendes colossaux. Saunders soutient que si vous pensez en millions, vous récolterez des millions: «Mon esprit est continuellement en ébullition et je fournis la matière à ma puissance intérieure qui se charge de réaliser mes projets. Je lui laisse libre cours et elle ne m'a jamais fait défaut.» Aujourd'hui, monsieur Saunders inaugure une nouvelle chaîne de marchés d'alimentation appelée *Foodelectric* sur une base tellement automatique que l'acheteur peut choisir ses articles, les emballer et agir comme son propre caissier. Ce procédé élimine les foules, les embouteillages, diminue les dépenses de roulement et ne requiert que quelques employés pour abattre un travail apparemment monstre. «Je n'ai besoin que de huit employés pour exploiter une entreprise de deux millions tandis que les marchés d'alimentation ordinaires exigent au moins une quarantaine ou une soixantaine de préposés. J'ai accumulé des millions, j'en ai perdu aussi; aujourd'hui, je suis en voie d'en accumuler un autre.»

Comment arrêter un homme doté d'un tel dynamisme? Votre cerveau fonctionne-t-il à plein ou le pourra-t-il à soixante-sept ans? Pour sûr, pourvu que vous vous entraîniez dès maintenant. Vous portez une fortune en puissance dans votre tête. Faites travailler votre matière grise et vous récolterez des dividendes insoupçonnés.

«Oui, dites-vous, mais ce genre de chance n'est pas pour moi.» Écoutez-vous! Quel négativisme! Vous ne saurez jamais ce que vous pouvez réaliser si vous ne donnez pas le feu vert à votre force intérieure.

Les frères Wright bâtissaient des châteaux en Espagne lorsqu'ils formèrent le projet de construire leur premier avion et de le faire s'élever de terre. Les gens se moquèrent de leurs efforts mais ils firent fi du ridicule dont on les couvrait. Ils avaient le courage de leurs convictions et foi en leur étoile. Grâce à eux, nous pouvons maintenant nous déplacer dans l'air à une vitesse qui dépasse toutes les prévisions du temps des Wright.

Combien d'entre nous voient plus loin que le bout de leur nez? Nous sommes tellement submergés par des problèmes et difficultés de toutes sortes qu'il nous est impossible d'envisager une issue éventuelle.

Bâtir des châteaux en Espagne est une façon de s'évader dans l'avenir, une façon de se libérer de soi-même et de créer de nouveaux défis. Je ne prétends pas que nous devions balancer par-dessus bord les responsabilités du moment, mais leur solution réside dans le futur tout comme nos espérances d'amélioration personnelle.

Les mages nous ont répété à temps et à contretemps: «Oubliez le passé, contemplez l'avenir.» Ils savaient très bien que le passé ne pouvait plus rien, cependant que l'avenir nous réserve des surprises, si comme le disait Peter Ibettson, on y met du sien, de la bonne volonté.

Jusqu'où va votre foi?

Pouvez-vous persévérer, même pendant des années, dans un projet? Votre foi risque-t-elle d'en être ébranlée? Et votre enthousiasme? Vous direz-vous que les obstacles sont trop nombreux ou insurmontables? Ou vous contenterez-vous d'un compromis inférieur à ce que vous aviez envisagé au départ?

Méditez sur ces interrogations. Voyez ce qui est arrivé à Zora Adler de Glendale en Californie. Elle avait porté en elle, durant 22 ans, un rêve qu'elle et son mari viennent tout juste de voir se réaliser. Voici une des plus pures démonstrations de persévérance et de collaboration qu'il m'ait été donné de voir, sans parler de l'assistance qu'ils reçurent de cette force intérieure agissante dont je vous parle depuis le début.

Je cède la parole à madame Adler:

Je présume que mon rêve prit naissance il y a vingt-deux ans. J'admirais les collines derrière notre maison et je disais à mon mari qu'un jour nous allions y construire.

Huit ans plus tard, en effet, nous avons bâti maison dans les collines mais à mi-chemin de l'endroit choisi, car je voulais aller plus haut encore.

J'avais remarqué que les gens, en général, marchaient la tête baissée et paraissaient toujours en proie à des soucis terribles. Je décidai d'adopter l'attitude contraire. Je pris l'habitude d'entraîner mes deux petites filles dans la montagne pour admirer les arbres et les nuages; de cette façon, je les accoutumais à regarder en haut, vers le ciel. De toute façon, on peut voir tellement de belles choses lorsque l'on marche le front haut.

Au cours d'une de ces randonnées, je découvris un plateau dominant toute la vallée de San Fernando et d'où la vue pouvait s'étendre jusque vers Los Angeles, Long Beach et Santa Monica. Je m'épris de l'endroit sur-le-champ.

Impulsivement, en extase, je dis à mes filles: «Nous devrions construire notre maison ici!» Les petites, encore bien jeunes à l'époque, partagèrent mon enthousiasme pour ce lieu. Qu'est-ce qui m'avait poussé à dire cela quand nous venions à peine d'emménager dans notre nouvelle demeure?

De retour à la maison en deux temps trois mouvements, de crainte que l'endroit ne disparaisse, nous avons fait part de notre trouvaille à leur papa. Je ne me suis pas arrêtée à penser que mon mari allait me trouver un peu puérile ou douter de mon équilibre mental. À ma profonde surprise, à ma grande joie, il accepta de nous accompagner. Dès qu'il vit l'emplacement et les environs, il me conseilla de découvrir le propriétaire. Ceci se passait il y a treize ans.

Le lendemain, je me rendis à l'hôtel de ville de Glendale où j'appris que le terrain appartenait à monsieur et madame Jen-

nings de San Diego. Je leur écrivis donc dans le but d'obtenir les renseignements pertinents, convaincue que le lot était à vendre et que nous pourrions l'acquérir. Je n'ai pas douté un seul instant de l'issue de ma démarche.

C'est donc sans étonnement que je reçus la réponse de monsieur Jennings. Cependant, là n'est pas le miracle. Nous n'avions pas l'argent nécessaire pour couvrir le versement initial. La dette sur notre maison actuelle et notre entreprise n'était pas encore acquittée. Avec la perspective de futurs enfants, nous ne pouvions nous payer le luxe d'ajouter à nos obligations. Tous les dimanches, nous continuâmes de visiter notre lot et de fignoler les plans de notre maison.

Un de ces dimanches, je dansais littéralement de joie avec mes filles car nous venions de trouver exactement le genre de maison que nous allions y ériger. Je la voyais déjà là sous mes yeux.

Pendant que nous étions plongés dans nos calculs, un couple âgé avait gravi la colline et contemplait la scène. Au bout de quelques minutes, ils s'approchèrent de l'endroit où nous étions occupés à tracer nos plans sur le sol.

Le vieux monsieur s'adressa à moi:

«Je vois que vous tracez les plans d'une maison?»

«Oui, nous allons nous construire ici même», répondis-je.

«Ce lot vous convient?»

«À la perfection! C'est le nôtre et voilà l'emplacement de notre maison.»

«Très intéressant! Le vieux monsieur riait maintenant. Voyez-vous, je suis monsieur Jennings et voici mon épouse. Cette propriété nous appartient.»

Je retombai sur terre et m'excusai. «Monsieur Jennings, comme je suis heureuse de faire votre connaissance, mais je ne retire rien de ce que j'ai dit, vous savez. Nous construirons certainement ici plus tard. Puisqu'il y a trois lots, vous pourriez être nos voisins.»

Monsieur Jennings sourit et nous assura qu'il aimerait bien cela et qu'il se proposait de construire sur un autre terrain à quelque 15 mètres plus bas.

Durant les onze années qui suivirent, monsieur Jennings nous écrivit à plusieurs reprises pour nous demander si nous avions toujours l'intention d'acheter le lot. Il avait décidé de céder certains lots et il ne savait pas s'il devait nous réserver celui-là. Pour nous, le temps n'était pas encore venu où nous pourrions nous l'offir. Je dus lui dire même, un jour, de le mettre sur le marché, mais je crus bon de l'avertir qu'il nous appartiendrait tôt ou tard, que les Adler y bâtiraient leur maison. S'il le vendait maintenant, il ferait une transaction inutile car ce ne serait pas pour longtemps. Nous avons bien rigolé tous les deux. Monsieur Jennings ne connaissait pas ma conviction inébranlable que ce lot nous appartiendrait éventuellement.

Près de onze années s'écoulèrent avant que je ne contacte monsieurs Jennings de nouveau pour lui annoncer que nous avions les fonds nécessaires. Il s'amena sur-le-champ à Glendale et le contrat de vente fut parafé en un temps record. J'étais radieuse, comblée. Au moment de quitter le bureau, monsieur Jennings se tourna vers moi, me prit la main et me dit: «Madame Adler, je crois que vous aviez jeté un sort sur ce lot.»

«Moi, jamais! Je ne me permettrais pas une chose pareille.»

«Eh bien, je dois vous dire que nous avons été sur le point de le vendre à trois reprises et, au moment de la signature du contrat, quelque chose réduisait nos efforts à néant. Je vous le jure; vous l'aviez ensorcelé. Tous les autres lots furent vendus à l'exception de celui-ci, le plus beau pourtant. On aurait juré qu'il vous était destiné.»

J'aurais pu lui répondre que j'avais placé ce lot dans les mains de Dieu il y avait de cela treize ans, non... vingt-deux ans... et je savais que mon rêve se réaliserait.

Confiance inébranlable

Mais tout ne s'arrêta pas là. Un entrepreneur en construction nous prévint qu'à moins de disposer de 36 000$ tout de suite, il était impossible de penser à ériger une maison selon nos plans. Je souris et lui demandai s'il avait déjà rencontré quelque personne possédant autant d'argent liquide. Je l'entendis me répondre que des gens comme nous voyaient toujours trop grand, que nous devrions plutôt consulter un architecte, le mettre au courant de nos ressources financières et le laisser dresser les plans d'une maison plus en rapport avec celles-ci. Nous sommes partis alors avec notre petit bonheur, mais avec la ferme conviction que la maison serait bâtie telle que nous l'avions conçue.

Je me sentais un peu déconcertée mais mon cher mari me piqua au vif par ces paroles: «Femme de peu de foi! Nous la construirons notre maison. Il existe d'autres entrepreneurs dans le monde. Allons voir monsieur Brown. Il est au courant de beaucoup de choses; il nous conseillera.»

Monsieur Brown nous indiqua en effet une solution possible. Par son entremise, nous fîmes la connaissance d'un entrepreneur dans nos cordes. Il érigea notre maison exactement selon nos plans et il nous en coûta moins de 36 000$. Preuve que rien n'est impossible à qui met sa confiance à la bonne place, en Dieu.

Notre logis est sur le point d'être terminé et nous emménagerons sous peu. Des passants s'arrêtent pour contempler l'oeuvre dont le co-constructeur est Dieu et remarquent tout haut qu'elle a une personnalité à part. C'est vrai! Ce n'est pas une maison ordinaire. Tout au long de la construction, les ouvriers ont travaillé dans l'allégresse, entourés d'une atmosphère de paix, de contentement, d'harmonie.

Je m'en voudrais de ne pas avouer que nous avons acheté au moment propice pour ce genre de transaction. Cela a valu le coup de patienter puisque, si nous l'avions fait plus tôt, nous n'aurions pu jouir des commodités que nous avons maintenant. Nous avons également déboursé trois mille dollars de moins que la présente évaluation. Vous avez vu la maison? Que pensez-vous du site, de la beauté des alentours, de sa situation privilégiée?

Le jour ne s'est pas encore levé où nous rejetterons notre conviction immuable que Dieu et notre force intérieure agissante sont les meilleurs associés que nous puissions avoir.

Que pensez-vous maintenant des rêves *utopiques* comme certains se plaisent à les appeler? Comme les O'Brien, les Adler ont réalisé le leur. Ils ont dû y mettre plus de temps, voilà tout. Ils partirent de rien, peu importe! Ayant trouvé le site idéal, ils ont conçu la maison dans leur tête, en ont dressé les plans et n'ont jamais lâché prise: un jour, ils seraient en mesure d'acheter le lot désiré et de trouver l'argent nécessaire. Ce qu'il leur en a fallu de foi inébranlable, de persévérance, ne permettant à qui que ce soit et pour rien au monde d'influencer leur détermination d'acquérir le lot et d'y bâtir maison.

Cela en valait-il la peine? Impossible d'en douter. Devant un objectif que vous désirerez atteindre, vous penserez comme les O'Brien et les Adler et je vous garantis les résultats. Vous appellerez votre force intérieure à votre aide. Elle vous épaulera à moins que vous ne doutiez de son efficacité.

Les Adler ont élevé leurs filles dans la croyance que tout est possible - bonheur, santé, prospérité, sérénité - si elles le veulent sincèrement et sérieusement. La famille voit se décupler sa puissance créatrice lorsque tous ses membres travaillent en harmonie. *Lorsque deux personnes ou plus seront réunies...* disent les Écritures.

Donnez un sens à vos rêves, confiant qu'ils se réaliseront. Nourrissez votre foi, persévérez en dépit des obstacles et, un beau jour, vous vous retrouverez en face d'une réalité éblouissante.

7

Goutte à goutte!

Faisons un peu de mise en scène car je voudrais attirer votre attention sur les conséquences magistrales de la répétition.

Prenons, par exemple, un burin pneumatique, cet outil employé pour forer le béton ou l'acier. Son taratata assourdissant, continuel, persistant, crevasse ou détruit les surfaces solides frappées.

Nous avons tous frémi devant l'ancienne torture de l'eau tombant goutte à goutte sur le front du supplicié. Vous avez probablement lu le livre de Rudyard Kipling intitulé *Boots*. Dans ce récit, les hommes deviennent enragés par le martèlement continu et régulier des bottes frappant le sol en cadence. La répétition constante, opiniâtre ébranle fatalement.

Il se peut que, tout en réalisant les suites de la répétition sur les choses, vous ne soyez pas aussi persuadé de son effet sur les esprits.

Pourtant vous n'ignorez pas que le secret du succès en publicité vient de la répétition constante des mêmes messages: «Doux pour la gorge...»; «Bon jusqu'à la dernière goutte...»; «Bon à s'en lécher les doigts...»; etc... Encore une fois, une autre fois, jusqu'à satiété.

On les crie sur les toits, on en fait des rengaines, des scénettes, on y met le paquet, tout y passe, vous ne pouvez vous en sauver. Les mérites de chaque produit vous sont enfoncés dans le crâne à force de répétition à tel point que votre sommeil en est affecté parfois. Taratata! Ils arrivent par la voie de la radio, de la télé. Feuilletez une revue: vous en serez estomaqué. Les journaux en regorgent. Au hasard des routes, des affiches, des panneaux-réclame vous crient leur message: «Allez, regardez-moi! Passez votre chemin si vous le désirez, mais achetez!» Même le firmament se met de la partie. Voyez-vous cet avion là-haut tirant une banderole sur laquelle se détachent les mots: «La pause qui rafraîchit»? C'est peut-être aussi un pilote de haute voltige qui déroule un message vaporeux sur un écran d'azur. Vous montez dans le métro, le train, l'autobus, un taxi: votre regard est assailli par une débauche d'affiches vous incitant à vous procurer tel ou tel produit. *L'impact de la répétition est extraordinaire.* Votre mémoire peut fléchir parfois mais elle n'oubliera jamais un message publicitaire car on ne lui en donnera pas la chance.

Rappelez vos souvenirs. Comment avez-vous appris à lire, à reconnaître les lettres de l'alphabet, à épeler, à compter? Par le truchement de la répétition constante, n'est-ce-pas?

Tout ce que vous avez mémorisé repose sur la répétition. On vous rappelle constamment de faire une profession de foi. Toujours la même rengaine! Taratata! Goutte à goutte!

Arthur Schopenhauer disait: «Il n'y a rien de si absurde qui ne puisse être imprégné dans le cerveau humain si le procédé débute avant l'âge de cinq ans et qu'il se poursuit sérieusement et sans faiblesse.»

La relation entre le conscient et le subconscient est très étroite. Les initiés savent ce qui peut se produire une fois le contact établi avec le subconscient. Lorsque vous concevez clairement ce que vous désirez atteindre et que vous répétez constamment cette conception à votre force intérieure, vous pressez le détonateur qui vous permettra de profiter des lumières qu'elle peut vous impartir.

Des procureurs habiles, des hommes de loi ingénieux misent toujours sur la sympathie des membres du jury. Répétition, emphase sur des points importants sont leurs armes favorites. Ils ont donc recours à la méthode du taratata sur le subconscient des jurés et ils atteignent leur but qui est de convaincre. «Puisqu'on le répète aussi souvent, c'est que cela doit être vrai», se disent les jurés.

Il est indispensable de ne pas changer son idée une fois qu'elle est conçue et que vous sentez que c'est la bonne. Répétez, répétez, répétez! Communiquez votre dessein à quelque intime qui pense comme vous face à votre objectif. C'est ainsi que la force intérieure entre en action.

Répétition constante

Une fois l'image de votre objectif bien claire à votre esprit, passez au rappel constant de façon à en imprégner votre subconscient. À son tour, celui-ci libérera cette force intérieure agissante qui suscitera les résultats escomptés.

Les grands de ce monde, et j'entends par là ceux qui réussissent, vivent constamment de leurs idées. Ils ne perdent jamais de vue leurs objectifs. Il ne leur suffit pas de concevoir un projet et de l'abandonner ensuite. Ils ne font rien à la légère. Ils sont vraiment sérieux. Afin d'atteindre leut but, ils font appel à toutes leurs énergies, travaillent nuit et jour s'il le faut. Ces gens sont persuadés que leur force intérieure agissante les soutient. Elle se manifestera par des impulsions soudaines, des mises en situation surgissant au moment propice, des procédés et des occasions apparaissant au fur et à mesure de leurs besoins.

Comparez votre attitude à la leur. Quels efforts et quels sacrifices consentiriez-vous à faire pour obtenir ce que vous anticipez de la vie? Êtes-vous prêt à essayer, à essayer encore et toujours afin d'acquérir l'expérience et l'habileté nécessaires pour réussir? Dans ce cas, vous atteindrez certainement votre but. Rien ne pourra vous arrêter. Tous les obstacles tomberont devant votre détermination, votre foi, votre force intérieure. Mais voilà le hic: il faut persévérer envers et contre tout. Vous devez être convaincu dès le départ que vous n'obtiendrez rien si vous demeurez passif. Il faut donner de soi pour recevoir en retour.

Taratata! Le retour constant de votre vision, l'eau tombant goutte à goutte, le déferlement continuel de la vague sur la plage, le martèlement des pieds qui gravissent un rude escalier de pierres... relation de cause à effet... de cause à effet... l'action qui provoque la réaction. Vous n'en serez pas conscient au début mais les forces de la nature et de l'esprit, concentrées sur un obstacle, peuvent le mouvoir à la longue, gruger sa résistance ou le transformer.

Conjuguez votre puissance avec la foi

La foi peut transporter les montagnes, les montagnes de doutes, de craintes, de soucis, la foi consistante en soi-même, dans le concours de cette force divine que chacun porte en lui-même. Elle opère sans tambour ni trompette mais, avec le temps, on se retrouve devant des résultats renversants.

Vos actes sont le reflet de votre motivation intérieure et de votre croyance bonne ou mauvaise. Vos convictions sont sujettes à des métamorphoses; donc, votre vie subira des transformations puisqu'elle repose sur votre foi.

Vous croyez que, chaque jour, vous continuerez à respirer, que votre coeur continuera à battre, que vous vous sentirez bien dans votre peau. Que cette foi subisse un choc, votre santé s'altère presque infailliblement. Vous avez confiance dans tout ce qui vous entoure: travail, amis, voiture, habileté, avenir. Tout cela fait partie intégrante de votre vie et vous ne doutez pas qu'il en sera toujours ainsi. Chaque jour nouveau, vous posez des actes semblables à ceux d'hier. Vous vous enfoncez graduellement dans une ornière, une routine. Ce mode de vie peut vous être néfaste si vous accomplissez des choses insignifiantes. Au contraire, cette attitude pourrait vous être profitable si vous êtes sérieux.

Faites un inventaire de votre conduite et assurez-vous que les actions que vous répétez chaque jour vous aident à acquérir plus d'expérience, plus d'habileté, plus de satisfaction personnelle et plus de bonheur. Si la réponse se révèle négative, il est urgent de changer votre style de vie. Vous déciderez alors de vous débarrasser de ces habitudes répétées qui ne vous apportent rien qui vaille et d'opérer un virage vers des horizons plus prometteurs.

Souvenez-vous que l'homme devient facilement esclave de ses habitudes, qu'il est naturellement porté à la routine, à la facilité. Les mauvaises pensées se répètent aisément car les semblables s'attirent. Peu importe le genre d'idées que vous déposiez dans votre subconscient, il vous faudra en ajouter d'autres du même ordre pour qu'elles se sentent plus à l'aise. Quelle est la nature de vos pensées? Sont-elles de celles qui vous entraîneraient vers un but dont vous n'avez que faire?

Dans l'affirmative, hâtez-vous de les chasser avant qu'elles ne prennent racine par la répétition.

Un alcoolique trouve pénible de stopper sa vilaine habitude parce qu'elle a pris racine, au fil des ans, dans son corps et dans son esprit. Il se voit si facilement, si bêtement, prendre un verre que le fait d'arrêter lui paraît au-dessus de ses forces.

Vos images spirituelles d'aujourd'hui répondent de votre passé. Si vous ne vous chargez pas de créer de nouvelles images de vous-même, vous allez vous retrouver répétant demain ce que vous avez fait hier et aujourd'hui, c'est-à-dire esclave d'habitudes indéracinables.

Malheureusement, la plupart des humains s'enlisent dans une besogne routinière, se retrouvant à la fin de la journée au même point que la veille, même si en s'agitant à droite et à gauche, ils paraissent aller de l'avant. Le caroussel de la vie s'arrête toujours au même point, le point de départ, à moins que l'on ne décide d'en descendre et de prendre une direction différente, de s'orienter vers des réalisations plus heureuses, plus satisfaisantes.

Taratata! La répétition vous maintient-elle toujours dans les mêmes ornières? Ou bien, vous pousse-t-elle à créer des pensées constructives et à faire impression sur votre subconscient?

Vous seul pouvez répondre à cela. Vous seul pouvez faire quelque chose. Apprenez à utiliser cette grande force de la répétition et vous verrez se transformer votre vie.

8

À l'écoute de la voix intérieure

Mahatma Gandhi, à son arrivée en Angleterre pour tenter de trouver une solution aux problèmes de l'Inde, prononça ces paroles: «Je viens ici parce qu'une voix m'y pousse.»

Il faisait par là allusion à quelque chose d'interne, appelons-le pouvoir subjectif, puissance surnaturelle. Les uns le voient comme une sorte de médium, d'autres le qualifient d'intuition, de pensée subconsciente. D'autres encore croient y déceler une pensée universelle, parlent d'impulsion suscitée par un pressentiment. On mentionne des messages émanant de Dieu; les spiritualistes y réfèrent comme à une voix venant de l'au-delà. Peu importe l'appellation, les résultats témoignent de son efficacité et vous devriez apprendre à l'acquérir.

Il n'est pas question d'une voix naturelle et je suis persuadé que Gandhi ne l'entendait pas ainsi. Il s'agit au contraire de quelque chose d'intérieur qui suggère de façon certaine, positive, reconnaissable. Lorsque cette voix se fit entendre à Gandhi, il fut à l'instant prêt à la suivre jusqu'au bout du monde. Il était persuadé qu'il pouvait avoir confiance en elle, que si son esprit était vraiment préparé à la recevoir, il capterait sûrement le message qu'elle présageait.

Gandhi n'a jamais tenté de forcer cette voix à lui parler ou à l'influencer par des imaginations débridées. Ce grand chef spirituel était un modèle d'humilité et de renoncement. Il plaçait toujours ses principes et ses objectifs au-dessus de ses aspirations propres. De là son ascendant extraordinaire sur les gouvernements et les peuples. Il ne demandait que la justice, ne se prêtait à aucun marchandage et, lorsque quelque personne se présentait devant lui, elle devait s'attendre à la vérité sans voiles. Il lui importait peu que l'on fasse pression sur lui pour passer à l'action; il attendait toujours le signal de sa voix intérieure.

Vous entraîner à écouter cette voix est encore la meilleure chose qui puisse vous arriver. Les puissants de ce monde le font. Il ne leur vient peut-être pas à l'idée qu'ils écoutent une voix: c'est probablement une sensation, une intuition indéfinissable ou une conviction, une certitude qui se présente toujours lorsqu'il s'agit de prendre une décision importante, à la seule condition de faire le vide au-dedans et autour de soi et *d'écouter tout simplement.*

Prêter l'oreille n'est pas toujours facile. Enfant, vous avez dû parfois éprouver le désir de crier à pleins poumons et de chahuter afin d'être entendu. Devenu adulte, vous avez peut-être atteint une certaine notoriété par votre présence imposante et votre esprit dominateur. S'il en est ainsi, vous habituer à prêter l'oreille à cette voix intérieure, la partie spirituelle de votre VOUS, appelez-la comme vous voulez, peut être extrêmement laborieux, pénible.

Thomas Edison a fait tout un art de se tenir à l'écoute de sa voix intérieure. Lorsqu'il abordait un projet, tentant de trouver le principe de base sur lequel devait reposer l'invention, il accumulait dans son esprit tous les détails nécessaires, puis s'étendait sur un banc dans son laboratoire et attendait patiemment que son subconscient dispose les pièces du casse-tête.

Ses assistants trimaient dur pendant que leur maître somnolait, semblait-il. Quand celui-ci se relevait de cette espèce de méditation profonde, il avait invariablement la réponse à son problème. Il lui fallait recourir maintes et maintes fois à ce procédé avant de trouver ce qu'il cherchait. Mais toujours la solution se présentait après stimulation suffisante de son pouvoir créateur, de sa force intérieure.

La méthode d'Edison

Le 21 octobre 1931, un article de journal relatait la découverte de la fabrication du caoutchouc synthétique par Edison et ses deux vieux associés de plus de cinquante ans, Fred Ott et Charles Dally.

L'article se lisait comme suit: «Lundi, monsieur Edison entra *en transes* (il donna à sa voix intérieure la chance de lui parler) pendant que Ott et Dally travaillaient comme des nègres sur leurs expériences. Mardi soir, la solution se présenta, lumineuse, venant apparemment de nulle part.» Que voilà donc une façon très cavalière de référer à l'esprit créateur d'Edison et de ses associés.

Ce qui s'était produit, naturellement, fut la résultante de ces trois forces intérieures concentrées en silence sur la même recherche. La réponse fit l'effet d'une décharge soudaine. Elle n'était pas la conclusion de discussions interminables. Bang! La voilà qui surgit! La voix intérieure avait parlé, avait fait le tri et placé les éléments dans leur perspective propre. Résultat: la découverte du caoutchouc synthétique.

La petite voix se fait toujours entendre lorsque la conception de votre objectif est claire et que vous travaillez à sa réalisation. Quand vous nagez dans l'indécision, que vous êtes soucieux, troublé, craintif, il y a des chances que la voix se taise. Ou, si elle tente de se faire entendre, elle sera noyée dans une mer d'interférences créées par votre esprit inquiet.

Si votre voix intérieure suggère de demander conseil, soyez assez humble pour le faire. Vous n'avez rien à craindre. L'autre personne ne pourra vous aider que si elle connaît votre problème; alors, demandez. Si vous ressentez le besoin impérieux de vous confier à quelqu'un sur un certain sujet, n'hésitez pas. Allez-y!

Un monsieur m'a écrit d'Angleterre pour me dire qu'il avait lu mon ouvrage *The Magic of Believing* (La magie de croire)*, et que déjà sa vie avait pris une autre tournure. Je résume ses paroles: «On se servait de moi pour accomplir une chose à laquelle je ne croyais pas. J'étais très malheureux mais je ne voulais pas choquer la personne qui me le demandait; voyez-vous, la peur me retenait.

«Un jour, j'étais occupé à sarcler mon jardin tout en réfléchissant à la situation. Quelque chose de merveilleux se passa dans mon for intérieur, comme une voix qui me suggérait ce qu'il me fallait faire, et je n'eus plus peur. Je laissai tomber la bêche et je m'en fus me vider le coeur auprès de cette personne. De la sorte, je parvins à arrêter le genre de persécution auquel j'étais soumis. Je vous assure que je me sens bien dans ma peau maintenant.»

Reconnaître la petite voix intérieure

Lorsque la petite voix se fait entendre, lorsqu'elle se manifeste, c'est le signe que vous êtes prêt à passer à l'action. Laissez tomber le travail que vous êtes en train

* Publié aux Éditions «Un Monde Différent» Ltée.

d'accomplir et faites ce qui vous est suggéré. Mais, soyez sûr qu'il s'agit bien de votre voix intérieure et non de votre imagination qui vous pousse.

Jeanne d'Arc n'était qu'une pauvre paysanne; cependant, elle répondit à l'appel intérieur, entraîna les Français dans son sillage, chassa les Anglais d'Orléans et réussit à faire sacrer Charles, roi de France à Reims.

Jésus écouta la voix de Dieu et guida l'humanité vers des hauteurs spirituelles prodigieuses, fantastiques.

Abraham Lincoln entendit sa voix au petit matin, durant les heures critiques de la guerre de Sécession et, prêtant foi aux messages reçus, prit les décisions qui ont sauvegardé l'unité des États-Unis d'Amérique.

Mark Twain conversait avec ses personnages. Il entendait leurs réponses dans son esprit et transcrivait ensuite les dialogues. Le grand humoriste comptait énormément sur son intuition; il y croyait fermement et écoutait constamment sa voix intérieure.

Avant de réussir à obtenir des idées de votre subconscient, vous devez habituer votre esprit conscient à capter. Naturellement, nous savons tous que c'est l'esprit conscient qui raisonne, soupèse, calcule. Le subconscient suggère seulement les idées sur lesquelles bâtir.

Vous avez sans aucun doute entendu cette expression: «Devant des pressentiments, ne faites pas la sourde oreille!» Qu'est-ce à dire? D'où proviennent-ils? Du subconscient! Les psychologues affirment que pour placer l'esprit en situation de réception, il faut se détendre. Si vous avez déjà eu affaire à un masseur, vous savez de quoi je veux parler.

Détendez-vous! Laissez votre corps devenir souple, léger. Si vous avez quelque difficulté au début, détendez un membre à la fois jusqu'à ce que vous sentiez votre corps complètement détendu. Votre esprit suivra automatiquement. Lorsque vous aurez atteint ce stade, concentrez votre pensée sur votre objectif: les suggestions se présenteront infailliblement. Captez-les et suivez les directives de cette petite voix qui vous parle. Ne raisonnez pas, ne discutez pas, passez à l'action!

Vous comprendrez alors pourquoi les psychologues, les mystiques vous invitent sans cesse à vous arrêter, à vous détendre, *à faire le vide dans votre esprit,* lorsque vous désirez contacter votre subconscient et entendre votre petite voix intérieure. À mesure que vous progressez dans cette attitude, vous saisirez le sens des paroles des voyants orientaux:

Mettez-vous à l'aise, méditez, entrez dans un profond silence, continuez à réfléchir et vos problèmes s'envoleront comme fumée au vent.

La voie qui s'ouvre devant vous en sera tout illuminée, vos fardeaux tomberont l'un après l'autre, d'eux-mêmes. Y a-t-il quelque chose de plus transparent que *Pilgrim's Progress* (Le voyage du pèlerin) de Paul Bunyan? Mon message est sensiblement le même. Nous ne différons que dans les mots.

Durant le sommeil ou à l'état de veille, la voix intérieure peut vous guider si vous avez pris la bonne habitude de vous fier à elle. Une jeune femme de Fort Worth, au Texas, fut réveillée une nuit par une étrange sensation de danger. Son intuition la poussait à se lever et à faire le tour de l'appartement. Son mari et son bébé dormaient paisiblement, tout semblait normal. Pourtant, elle ne parvenait pas à se débarrasser de son malaise. Elle se sentit attirée vers la salle de toilette. Tout paraissait parfaitement en ordre mais, sur une impulsion, elle fit fonctionner la chasse. Aussitôt, jaillit de l'eau bouillante suivie d'un nuage de vapeur. Les tuyaux se mirent à cogner, un véritable vacarme se fit entendre. Terrifée, elle appela son mari qui put obtenir de l'aide juste à temps. Le thermostat du sous-sol avait fait défaut et, sans le pressentiment de la dame, le réservoir d'eau chaude aurait sauté en quelques minutes détruisant tout l'appartement.

Écoutez la voix

Ne repoussez pas les intuitions lorsqu'elles se présentent. Ne faites pas la sourde oreille. Votre subconscient en sait beaucoup plus que votre esprit conscient.

Vous avez entendu des gens dire: «Ça me disait que je devais me méfier de telle ou telle personne... J'aurais dû faire ceci ou cela... Je me suis décidé trop tard... J'aurais dû suivre ma première idée.»

Vous êtes détenteur de quelque chose qui ne demande qu'à servir si vous voulez bien lui en laisser la chance. Une veuve, qui désirait trouver un bon parti et se remarier, quitta New York pour la Californie sur une impulsion de sa voix intérieure. En visite chez des amis de Long Beach, elle leur parla de son projet d'acheter une maison et ceux-ci l'emmenèrent visiter des propriétés. Elle s'éprit de l'une d'elle, domicile d'un veuf qui, à son tour, s'éprit de la dame. Elle fit d'une pierre deux coups car ils s'épousèrent bientôt et filent aujourd'hui le parfait bonheur. Dans son cas, la dame dut couvrir presque cinq mille kilomètres pour voir ses aspirations se réaliser au centuple.

N'allez surtout pas vous imaginer qu'il vous faudra, à votre tour, traverser le continent pour rencontrer l'âme soeur... à moins que votre petite voix ne vous y pousse. La personne de vos rêves est peut-être là, tout près, dans le métro, l'autobus, un magasin, un cabinet de dentiste, un parc, une bibliothèque, chez des amis communs.

Si vous désirez vivement rencontrer l'âme soeur et que vous persistez suffisamment, vous vous sentirez poussé vers un certain endroit au moment propice, et le tour sera joué. Rappelez-vous que les semblables s'attirent. Cette personne vous recherchait aussi avidement que vous la cherchiez. Le subconscient n'étant pas limité par le temps et l'espace, l'occasion naîtra un jour ou l'autre et la voix vous soufflera à chacun: «Voilà celui ou celle que tu attendais.»

L'ouïe n'a rien à voir ici

Parfois, je rencontre des gens qui m'affirment le plus sérieusement du monde entendre des voix. Ils sont bien loin de ce que je veux dire par *voix intérieure.* Souvent, ces gens sont en proie à des hallucinations suscitées par une maladie nerveuse ou un traumatisme. Il faut se garder d'une telle attitude.

Ces voix leur semblent tellement réelles qu'ils sont convaincus d'être sous l'emprise d'un esprit désincarné ou pourchassés par un individu réel qui veut les manipuler et les contrôler. Ils vivent dans la terreur.

Un jour, je me trouvais dans le studio de John Neblett, commentateur radiophonique à Chicago. Une jeune femme attrayante se présenta sans être annoncée et l'apostropha en ces termes: «Eh bien, vous êtes content? Me voici! Vous m'avez appelée. Que voulez-vous de moi?»

Estomaqué, monsieur Neblett toisa l'inconnue, pensant qu'il s'agissait d'une blague. Il se mit à rire.

«Ce n'est pas drôle du tout , de reprendre la jeune femme en furie. Je ne puis trouver le sommeil... vous me parlez continuellement. J'entends toujours votre voix qui m'appelle. Je vous supplie d'arrêter votre petit jeu. Je me sens devenir folle.»

Johnny s'arrêta net et, troublé, se tourna vers moi et me présenta:

«Ce monsieur est un psychologue, chère madame; voilà, moi je ne vous ai jamais appelée, ni parlé. Je ne vous connais même pas. Je vous assure que votre esprit est en train de vous jouer un sale tour. Monsieur peut vous expliquer.»

De témoin, je devins consultant. Cette jeune femme, évidemment, était en proie à un déséquilibre émotionnel. Elle était aux prises avec une véritable obsession. Quelque chose dans la voix de John la faisait frémir et elle s'était hypnotisée à penser qu'elle entendait cette voix *dans sa tête,* comme elle disait.

«Si je pense à lui continuellement, dit-elle butée, aussi bien être avec lui. Il ment. Il me désire vraiment. Il m'a attirée par la télépathie. Il n'a pas besoin de m'avoir vue auparavant. Sa personnalité est tellement forte qu'il peut m'atteindre par la pensée et me manipuler comme il veut.»

Il me fallut plusieurs heures avant de convaincre la jeune personne que ce qu'elle croyait n'était que pure invention de son imagination; des fantasmes, des illusions. Durant ces heures, elle avait accusé le commentateur de nourrir de mauvais desseins à son endroit et lui avait ordonné de la libérer.

Quand enfin, je parvins à la calmer et à lui faire comprendre son erreur, elle partit après s'être excusée, toute penaude et me remerciant de mon aide. Mon ami était dans tous ses états.

«Une autre comme celle-là et j'abandonne tout», gémit-il.

Je relate ce fait pour démontrer que la voix intérieure n'a rien à voir avec ce genre d'hallucinations. La voix n'a pas de forme réelle; elle est plutôt une compréhension soudaine, une intuition brusque qui se présente à l'esprit et pousse à agir, à parler, à aller dans telle direction devant tel ou tel problème.

Vous pouvez toujours, avec un peu d'entraînement, distinguer entre la petite voix spirituelle intuitive et les fantasmes de votre imagination. La démarcation ne peut s'exprimer en paroles, mais vous la verrez bien à l'occasion. Ne vous laissez pas berner par des impressions fausses. Vous saurez reconnaître, en votre for intérieur, lorsque votre moi intime vous parle.

Alors, à l'instar de Gandhi, vous agirez avec confiance devant les événements en vous répétant: «J'agis de la sorte parce que j'obéis à ma voix intérieure qui me pousse.»

9

Le temps d'agir

Il n'y a pas plus misérable que l'être humain dont l'indécision est l'état d'âme habituel.
William James

On ne peut en déconvenir: une fois décidé à agir, il faut passer à l'action. Pourtant, bien souvent, nous vacillons, nous reculons, prenons des détours, et en arrivons rarement à une décision bien arrêtée sur le but que nous désirons atteindre ou la route que nous devons parcourir.

Tous nos rêves, tous nos souhaits peuvent devenir réalités si nous en conservons l'image vivante devant nous, si nous chassons les craintes, les doutes, les objections.

Nous pensons quelquefois connaître ce que nous désirons quand, en fait, nous sommes dans le noir. Cela peut paraître paradoxal, mais si nous savions vraiment ce que nous désirons, nous l'obtiendrions sûrement car toutes nos énergies, toute notre volonté, notre dynamisme, notre esprit belliqueux se conjugueraient dans un effort commun.

Le monde se divise en deux classes: les volontaires et les indécis. Ce dernier groupe représente malheureusement la majorité de l'espèce humaine.

Combien de fois vous est-il arrivé de dire: «Devrais-je... ne devrais-je pas?» On rencontre en nombre effarant les naufrages humains causés par l'indécision plus que par tout autre prétexte.

Cette force que vous portez en vous ne peut magnétiser les ressources dont vous avez besoin pour réussir que si elle est imprégnée elle-même de votre désir d'aboutir. Le pouvoir magnétique de l'aimant doit être concentré sur un point à la fois, un objet en particulier. Faites-en l'expérience en le promenant au-dessus de brisures de fer ou d'acier. Lorsque vous pointez l'aimant en un certain endroit de l'amas, les brisures visées s'y agrippent automatiquement. Retirez l'aimant de cette section et son pouvoir d'attraction diminue en raison de la distance et de la direction où il pointe.

Lorsque vous êtes en proie à des tiraillements internes, vous brouillez les cartes, vous annulez en quelque sorte vos pouvoirs magnétiques.

Un esprit qui flotte, indécis, n'attire que l'indécision; il ne peut exercer d'emprise sur quoi que ce soit.

La grande complainte de milliers d'êtres humains est celle-ci: «Je n'arrive pas à me décider!» Voilà une des pires lamentations du coeur humain car elle sonne le glas de l'espoir, de l'ambition, de la confiance, de l'initiative, de la réalisation.

Aussi longtemps que vous ne pouvez vous décider, vous êtes sans ressource, incapable d'agir avec un sentiment de confiance et de sécurité.

«Mon esprit ressemble à un lit défait , me disait une dame. C'est un vrai fouillis. J'hésite à le refaire, je crains de le toucher, de peur d'empirer la situation. Je crois que je vais le laisser tel qu'il est.»

Voulez-vous piétiner sur place? Alors, faites comme cette dame: ne prenez pas de décisions. À moins de changer votre optique, vous n'irez nulle part. Vous coulerez probablement à pic car il faut vous souvenir que quiconque n'avance pas recule. Ou vous montez ou vous descendez. Le métal non entretenu rouille, plus sûrement encore si on ne le libère pas des agents corrosifs.

Dans le grand défilé de la vie, vous ne pouvez vous permettre de manquer le pas. Vous devez avancer, toujours et malgré tout. La nature répugne quiconque renie son utilité. Les vautours tournoient constamment au-dessus de nos têtes, guettant le moment où l'un de nous abandonnera la partie pour fondre sur cette proie lâche et veule et s'en délecter. Ces paroles peuvent sembler sinistres: pourtant, mon but n'est pas de vous effrayer. Nous avons tout ce qu'il faut pour affronter la vie et même la mort. À tout instant, des milliers de cellules usées de notre corps meurent et sont remplacées par d'autres plus saines qui prennent la relève. C'est un processus naturel.

Le même principe s'applique à l'esprit. Il bannit continuellement les idées vieux jeu pour en accueillir des nouvelles. S'il en était autrement, notre cerveau serait peuplé d'idées démodées qui l'engorgeraient, ralentiraient le processus de conception, retarderaient le développement cérébral et, éventuellement, l'enliseraient dans un obscur bourbier.

Si vous vous apercevez qu'il vous est devenu impossible de prendre des décisions comme auparavant, il se peut que les idées désuètes, les vieilles habitudes et les désirs surannés reprennent le dessus lorsque votre petite voix vous souffle de tout balancer par-dessus bord, de sortir de votre marasme, de passer à l'action.

Avez-vous atteint la Mer Rouge de votre vie
Où, malgré tout ce que vous pouvez faire,
Vous n'avez d'autre alternative
Que de passer sur l'autre rive?

Annie Johnson Flint

Vous en êtes arrivé là? Tant mieux! Vous êtes acculé au mur par votre indécision et des circonstances créées par cette attitude. Alors, la seule issue possible est de franchir ce mur.

Faites face à la réalité. Réorientez-vous, rassemblez vos forces éparses, *décidez-vous* et allez de l'avant!

Le moment est à l'action

Nombreux sont les hommes et les femmes qui, arrivés à la limite de leur endurance, ont trouvé une force nouvelle dans les heures noires, une fois qu'ils eurent pris la ferme résolution de faire face à la musique, de s'en sortir.

Les ouvriers de la onzième heure ont reçu le même salaire que ceux de la première car le pouvoir créateur interne n'est pas soumis à la limite du temps; il peut être appelé à la rescousse et, toujours, il suggérera les moyens et la sagesse pour se sortir du pétrin.

Des milliers de gens en témoignent quand ils disent: «Dieu m'a secouru dans mes moments de détresse.» Ils signifient par là qu'ils ont demandé le secours de cette force intérieure après avoir tout tenté... et cette force dont ils auraient pu se servir beaucoup plus tôt ne leur a pas fait défaut.

Ne commettez pas l'erreur de penser que vous pouvez réussir par vos seules ressources. C'est de l'égocentrisme pur. L'égoïste prétend que sa réussite est le fruit de sa seule détermination, de sa seule force physique. Il se rengorge, se flatte d'être un autodidacte, d'avoir réussi sa vie par ses propres moyens. Un malheur le frappe-t-il dans son travail ou dans sa vie familiale? Voyez son ballon se dégonfler, son air piteux, abattu: il ne sait plus où donner de la tête. «Je ne comprends pas comment cela a pu m'arriver, à moi», murmure-t-il.

Vous pouvez sûrement réussir, aller quelque part en vous acharnant au travail, en misant sur la complicité, l'adresse d'esprit et quelque autre moyen de même calibre, mais ce que vous aurez gagné par la force, vous le perdrez par la force. Vous n'avez aucun pouvoir sur les choses et les gens. Une autre personne qui utilise les mêmes stratagèmes, aura votre peau, vous réduira à néant. Alors, parce que vous avez fait fi de votre propre puissance intérieure, vous vous sentirez perdu, égaré. Pour la première fois dans votre existence, vous connaîtrez la panique. Vous aurez perdu foi en vos moyens, foi en vos congénères et foi en Dieu. Vous vous croirez abandonné dans le désert du monde. Ce qui est pis encore, votre confiance en aura pris un tel coup que vous ne saurez plus que faire pour vous en sortir.

Sus aux lamentations! Place au courage!

Vous avez le choix entre deux attitudes: ou remonter la pente ou continuer la descente. Vous pourriez vous payer une cuite carabinée, une dépression nerveuse de tous les diables, vous abandonner au désespoir regrettant de ne pas avoir vécu votre vie différemment et vous répétant ad infinitum qu'il est trop tard pour remédier à la situation.

Cependant, si vous appartenez à cette classe de gens qui ne se laissent pas abattre par l'adversité, vous constaterez qu'il n'est jamais trop tard pour se reprendre. Vous découvrirez que vous avez fait fi de la plus grande force intérieure que vous possédez, sans cesse prête à vous servir.

Vous en prendrez un coup d'humilité; votre égoïsme, votre infatuation disparaîtront à tout jamais. Une fois que vous serez descendu au plus bas, vous toucherez enfin le roc solide sur lequel vous appuyer pour repartir vers des horizons nouveaux, plus vastes qu'auparavant, peut-être pas aussi flamboyants, criards, tape-à-l'oeil, mais infiniment plus profitables, satisfaisants, sains et agréables. Vous en êtes arrivé au point où maintenant, vous pouvez décider de ce qui est bon pour vous, sans avoir à vous préoccuper des réactions d'autrui. Enfin, vous avez pris connaissance de cette force intérieure; vous avez acquis la certitude que si vous l'appelez à votre aide et lui donnez les directives nécessaires, elle vous secondera. De plus, vous découvrirez les choses importantes qui vous avaient échappé jusqu'ici et qui dépassaient de cent coudées celles auxquelles vous vous étiez attaché.

Il se peut que vous n'apparteniez pas foncièrement à cette catégorie de gens dont je parle. Pourtant, d'une certaine façon, vous en êtes. L'homme n'est pas parfait; il est sujet à errer, à laisser ses émotions prendre le pas sur son bon sens, à s'égarer loin de ses objectifs.

«Je savais que je me trompais, pourtant je l'ai fait quand même!» Combien souvent entend-on répéter ces tristes paroles de personnes assagies par une mauvaise expérience!

Si vous avez atteint ce stade de votre développement mental, alors, c'est le temps d'agir! Ne reculez pas, vous serez foutu! Vous êtes maintenant à la croisée des chemins. C'est à vous de décider!

Vous n'avez d'autre alternative que de passer sur l'autre rive.

Foncez! Portez-vous à l'assaut! Faites face à votre réalité et sortez-vous-en! Plus vous attendez, plus c'est pénible!

Résolution et magnétisme

Sitôt votre décision bien arrêtée, votre force intérieure se met en branle, réorganise les fragments de votre vie, tisse une nouvelle trame, renforce les points faibles, vous redonne une vitalité nouvelle et la résolution solide d'obéir aux suggestions de la voix. Fiez-vous à votre force intérieure, suivez ses directives même si elles paraissent ardues à prime abord, demandez pardon à qui vous avez fait du tort, purifiez l'air de toutes les rancoeurs et haines passées, débarrassez-vous de vos craintes et complexes de sorte que votre esprit deviendra le véhicule de pensées constructives et vous aidera à attirer le succès.

Banissez le syndrome de David Harum: «Oui... non...; peut-être... peut-être pas...»

Cette attitude ne vous mènera nulle part. Cela vous chante-t-il de passer votre vie sur une corde raide?

Un homme d'affaires dont l'entreprise est florissante me disait: «Je préfère prendre une mauvaise décision plutôt que de m'abstenir. Je me tiens alors sur le qui-vive et je peux toujours la rectifier avant qu'elle ne m'apporte trop de déboires. Si elle s'avère malencontreuse, je n'hésite pas à la laisser de côté en faveur d'une idée meilleure. Mais, si je ne prends pas de décisions, je tourne en rond, je piétine sur place.»

Il faut du courage pour prendre certaines décisions, mais la personne sûre de ses aptitudes, heureuse dans son genre de vie, ne craint pas d'agir. Elle le fait sans hésitation en se fiant à un jugement sain et en comptant sur l'impulsion du moment.

On attribue à Joseph Addison les paroles suivantes: «Une femme qui tergiverse manque le bateau.»

Méfaits de l'incertitude

Je me rappelle l'aventure d'une jeune dame qui se croyait amoureuse de deux hommes en même temps. Ceux-ci lui avaient proposé le mariage mais elle les laissait dans l'incertitude depuis un an, ne pouvant se résoudre à choisir. Finalement, elle opta pour l'un d'eux mais confia à sa mère, le jour de ses noces, qu'elle pensait avoir gaffé. Cet état d'esprit gâcha ses relations conjugales, sa vie matrimoniale, à tel point qu'elle en devint frigide. Une nuit, son mari, exaspéré, lui lança à la figure: «Tu aurais dû épouser Bill.» Elle répliqua du tac au tac: «En effet, c'est lui que j'aurais dû choisir.»

Cette explosion relâcha la tension entre les deux époux. Une fois le problème apporté au grand jour, la dame se mit à l'analyser. Elle comprit bientôt que ses illusions envers le soupirant éconduit l'avaient empêchée d'établir une relation saine avec l'élu. La moindre anicroche survenant entre eux la ramenait aussitôt en esprit vers l'autre avec qui elle se représentait filant le parfait bonheur: prétexte commode pour excuser sa propre conduite. Enfin, ses yeux s'ouvrirent.

«Je suis sûre maintenant que c'est toi que j'aime», dit-elle à son mari. «Je suis convaincue que je n'ai fait aucune erreur en suivant la petite voix intérieure qui me poussait vers toi. Pardonne-moi de m'être conduite d'une manière aussi puérile envers toi. Comme il est difficile de briser de vieilles habitudes!»

La conviction s'impose

L'incertitude est passée à l'état de seconde nature chez vous? Brisez-la. Si vous n'agissez pas dès maintenant, votre vie deviendra un tissu de mauvaises décisions qui entraîneront des conditions quasi invivables pour vous.

Votre indécision tenace frappe votre voix intérieure de mutisme.

Un prédicateur de mes amis fut en proie, dans sa jeunesse, à une terrible crise de conscience. Ses études l'amenèrent à douter de certaines parties de la Bible. Il se désolait de devoir enseigner des choses auxquelles il ne croyait plus. Au fur et à mesure des jours, son optique s'assombrissait davantage. Il en était réduit à se demander: «Suis-je bien à ma place dans le ministère ecclésiastique?» Sa disposition d'esprit se réfléchit bientôt dans son métabolisme. Juste au moment de monter en chaire le dimanche, il devenait la proie d'une terrible crise d'asthme. À son sens, la nature se servait de ce procédé pour lui signifier de ne pas dire les choses auxquelles il avait cessé de croire. Il quitta alors le ministère pour cause de santé, n'avouant ses doutes à personne, même pas à sa femme. Durant trente années, cet homme d'une intelligence supérieure vécut un véritable cauchemar. Ses crises d'asthme se produisaient chaque fois qu'il pensait aux péchés d'omission et d'action. «Ai-je pris le bon parti? Me suis-je trompé?» Il n'en finissait plus de se réprimander.

Vers la fin de sa vie, nous eûmes un entretien. Il sentait le besoin de se vider le coeur. Après m'avoir fait part de ses craintes et de ses terreurs, il me demanda si je pensais qu'il allait être damné pour avoir agi de la sorte. Je le rassurai en lui affirmant que Dieu est infiniment bon, que l'homme est sujet à errer, que la seule façon de s'améliorer consiste à faire des erreurs pour en profiter ensuite. Il soupira: «Oh, si je pouvais recommencer ma vie, je serais écrivain. Je ferais part de mes convictions, honnêtement, clairement, car je me rends compte maintenant que beaucoup de gens se sont trouvé ou se trouvent dans le même état d'esprit que moi. J'ai permis à mes craintes, mon incertitude, mon complexe de culpabilité de dominer ma vie et de m'empêcher de réaliser le but pour lequel j'ai été mis sur terre.»

Une foule de personnes, placées devant deux propositions et ne pouvant trancher, tentent de les accomplir toutes les deux, à leur grand regret. On ne pourra jamais poursuivre deux lièvres à la fois... Il faut choisir et, généralement, la petite voix intérieure, si on lui en donne la chance, nous guide. Il est toujours tentant de céder aux émotions, aux préjudices qui souvent nous mènent dans un sens tout à fait contraire.

Shakespeare a mis dans la bouche de son Hamlet les paroles que nous avons dû répéter souvent lorsque aux prises avec les difficultés:

Être ou ne pas être: telle est la question.
Y a-t-il pour l'âme plus de noblesse à endurer
Les coups et les revers d'une injurieuse fortune,
Ou à s'armer contre elle pour mettre frein à une marée de douleurs.

(Et pour paraphraser):

... S'il n'y avait cette crainte de quelque chose...
Voici l'énigme qui nous engage à supporter les maux présents,
Plutôt que de nous en échapper vers ces autres dont nous ne connaissons rien...

Il est facile d'accepter ses déboires en s'en représentant d'autres plus grands, d'épouser le statu quo au lieu de se lancer à l'assaut de peur de voir surgir de nouveaux obstacles.

Le courage engendre l'esprit de décision et le courage vient de la foi en ses capacités et dans la force que nous portons en nous. Pourquoi s'acharner à ajouter constamment à notre fardeau?

Décidez-vous à transformer ce fardeau en changeant résolument les images que vous en avez. De la sorte, vous donnerez à votre force intérieure la liberté de vous aider à façonner votre avenir de façon plus excitante.

10

Notez! Notez!

Ce que vous voyez ou entendez souvent se grave en votre mémoire et devient partie intégrante de vous-même.

Les savants et les publicistes misent sur ce fait lorsqu'ils insistent sur l'usage de moyens visuels répétés dans le but de convaincre de ce qu'ils avancent.

Chez les uns, l'ouïe exerce un immense ascendant; chez d'autres, par contre, la vue domine, tout dépend de l'organe utilisé sur une plus grande échelle depuis la tendre enfance.

Dans une randonnée en voiture, votre oeil peut capter beaucoup de choses que votre compagnon ne remarque même pas. Par contre, cette même personne pourra vous dire soudain: «As-tu entendu ceci ou cela?» Vous en demeurez interdit. C'est simple: son ouïe a pris le pas sur son regard.

«Lorsque j'étais jeune, on m'a tellement critiqué que j'avais acquis l'habitude de ne pas écouter ce qu'on disait de moi, à tel point qu'aujourd'hui encore, je n'entends pas aussi bien que je le devrais», m'a avoué un monsieur.

«Quand j'étais petite fille , me raconta une dame, je fus témoin de quelque chose que je n'aurais pas dû voir. J'en ai été tellement traumatisée que, depuis, je n'emploie mes yeux que pour l'essentiel. Je m'aperçois que je ne prête pas attention à ce qui se passe autour de moi parce que, dans mon for intérieur, je suis persuadée que cela ne me regarde pas.»

Les complexes sont une des grandes plaies de la société; personne n'en est exempt. Durant nos années de croissance, nous en avons sûrement acquis quelques-uns.

Maintenant que nous sommes devenus adultes, nous devrions pouvoir nous débarrasser de la plupart d'entre eux afin de ne pas souffrir de leur influence néfaste.

La représentation mentale des objectifs que vous envisagez est une excellente façon de brider votre imagination, de fixer votre attention sur un but bien précis. Plus claires seront vos vues mentales des buts poursuivis, plus votre force intérieure sera en mesure de vous épauler.

Je vous recommande donc de mettre noir sur blanc les objectifs conçus, de porter ces notes sur vous et d'y jeter souvent les yeux.

Ces notes peuvent être écrites sur des petites cartes de rappel que vous glisserez dans le cadre du miroir dont vous vous servez le matin à votre toilette. Continuez à élaborer sur le but préconisé afin de rendre votre image mentale la plus complète possible.

Je vous suggère également de poser une de ces cartes près de votre assiette à l'heure du lunch. Consultez vos notes avant de vous endormir. Taratata! Répétition, rappel!... Cette méthode, cependant, ne vaudra pas grand-chose si vous rédigez vos cartes avant d'avoir obtenu une vue claire et précise du but que vous poursuivez.

Si votre conjoint est de nature privée, qu'il se trouve autour de vous des gens qui ne prisent pas votre manière de procéder, gardez vos cartes pour vous et ne les consultez que dans des moments où vous êtes seul.

Souvenez-vous que la *répétition* de la même pensée, de la même suggestion, fait naître l'image.

Celui qui maîtrise l'art de semer ne risquera pas de voir ses plants déracinés; celui qui possède l'habileté de retenir une chose ne risquera pas de la voir s'envoler.

Lao Tzu, grand mystique chinois, 600 ans avant J.-C.

Incrustez l'image dans votre esprit

Écrivez! Notez!

Dès le moment où le désir naît, la semence est jetée en terre. Déposez solidement l'image dans votre esprit, une image claire et précise de ce que vous désirez. Vous pouvez photographier plusieurs images en même temps, pourvu qu'elles ne se fassent pas concurrence, que vous les conserviez à l'état d'entités distinctes. Votre puissance intérieure peut s'accommoder de plusieurs sujets auxquels vous accordez toute votre attention.

Écrivez! Notez!

Si vous tendez vers un chiffre de vente plus considérable, notez-en le montant exact; si vous désirez un service de quelqu'un, l'amour d'une personne, une nouvelle garde-robe, une nouvelle voiture, écrivez, notez!

Exprimez vos désirs dans vos propres termes. Cela vous aidera à mettre de l'ordre dans vos idées. Peu importe le but poursuivi, vous pouvez aboutir à d'heureux résultats *pourvu que l'objet de votre désir soit bon moralement et que l'image en soit nette et réaliste.*

Écrivez, transcrivez, recopiez si vous constatez que ceci peut vous aider à bien définir votre objectif ou vos objectifs.

Il importe peu que vous soyez vendeur, cadre, mécano, écrivain, maîtresse de maison. Que vous recherchiez l'amour, la fortune, un standing social supérieur, une profession d'avocat ou de médecin, cela n'a pas d'importance. Votre force intérieure est toujours là, prête à vous seconder pour franchir le cap de vos espérances. Vous pouvez réaliser avec son aide de grandes et de petites choses. Formez l'image, notez, puis mettez-vous à l'oeuvre!

Dans la vie, les occasions affluent sur votre passage et, à moins que vous ne les saisissiez dès leur apparition, elles fileront avec le courant. Si vous ne savez pas ce que vous voulez, comment pourrez-vous les distinguer?

Tous les procédés propres à l'expression de vos désirs: notes, gravures, paroles, redonnent de l'élan à votre puissance créatrice et aimantent votre esprit vers le but envisagé.

Des gens se façonnent un dossier qu'ils intitulent: *Mes plus chers désirs,* où ils notent noir sur blanc les changements, les améliorations qu'ils veulent apporter dans leur vie des points de vue économique, personnel, physique, mental et spirituel. Ils se réservent certains moments de la journée pour relire ces pages et les méditer. Ils révisent leurs positions quand il y a lieu et évaluent les progrès accomplis en cours de route.

Lorsqu'un objectif a été atteint, ils le biffent et le coiffent du terme *mission accomplie* accompagné d'un chaleureux merci à l'adresse de la *Puissance divine* qui les a soutenus. Puis, ils passent à autre chose. C'est un procédé continu, merveilleux, satisfaisant.

Si vous débutez dans ce genre d'exercice, vous devez faire maison nette des pensées erronées qui ont déjà des racines profondes dans votre esprit. Dans cette optique, il serait à conseiller de mettre par écrit ce qui, d'après vous, devrait être la bonne attitude envers les autres, envers l'argent, les affaires et toute autre situation quotidienne.

Marjorie Mayes, une femme d'affaires dynamique dont les succès font la manchette à San Francisco, attribue sa réussite au fait qu'elle a toujours couché sur papier ses projets, le nom des amis qu'elle voulait conserver ou acquérir. Son attitude devant les affaires en est une de connaissance de la valeur de l'argent et de la façon de l'acquérir. Elle se répète chaque jour ces mots: «Il y a un truc en affaires» et elle en fait sa règle de vie. Elle se branche constamment sur sa petite voix intérieure qui lui suggérera les moyens de parvenir à son but.

Marjorie Mayes a gracieusement consenti à m'exposer sa conception qu'elle intitule:

Le truc en affaires

> Il faut prier constamment car toutes les prières sont exaucées... Tout ce qui existe est l'oeuvre de Dieu, donc lui appartient... Je suis partie intégrante de cette oeuvre... donc, il n'y a de place dans ma vie que pour l'*Harmonie* divine... Je crois en un seul Dieu et j'adhère à sa *Vérité*... Mon intuition est parfaite, ma perception des choses est également parfaite... Je sais que Dieu est ma sagesse, mon intelligence, je ne

puis faire fausse route... car Dieu est le *Maître* de toutes choses. Il agit par mon entremise, donc, je fais ce que je dois et je ne puis blesser personne dans mes transactions... Mon temps n'est pas perdu puisque je fais l'oeuvre de Dieu, de là absence d'égoïsme de ma part;... Ma pensée est toujours claire, nette et les résultats en témoignent... Mon contact constant avec Dieu me confère la puissance de l'aigle qui plane au-dessus des nuages tout en étant aussi inoffensive que l'humble et douce colombe... Dieu est toujours présent dans mes transactions et je ne termine jamais une journée sans avoir accompli quelque chose de valable... Mes prières sont puissantes et je sais qu'elles m'aideront à atteindre mon but... Je suis persuadée que toute ma vie dépend de mes rapports avec le *Créateur*... Je ne compte pas sur l'homme, ou les conditions de vie qui m'entourent, je m'appuie sur l'*Infini*... sur l'*Éternel*... En tendant l'oreille à mes intuitions, j'écoute la voix de Dieu... Je sais reconnaître la valeur des *Dons* de Dieu, et l'argent en est un; donc, je dépense cet argent selon la *Sagesse divine* puisqu'*Il* l'a mis à ma disposition... Je pose les actes propres à m'apporter la fortune... Je ne marchande pas avec Dieu... Je ne lui fixe pas le montant que je désire atteindre... Je brasse des affaires en m'en remettant à son impulsion, sachant qu'il nous sera donné ce que nous désirons fermement.

Marjorie Mayes

Voici un merveilleux témoignage d'une attitude mentale et spirituelle active envers la vie, autrui, l'argent, les affaires... il peut en être de même pour vous.

Faites une copie de ce témoignage que vous porterez sur vous pour le relire et le méditer jusqu'à ce qu'il passe dans votre vie. Écrivez, transcrivez, répétez, écoutez-vous le relire... croyez-y fermement, faites-en le moteur de vos actions et, comme Marjorie Mayes le dit si bien, vos désirs se concrétiseront.

Combien de tableaux, d'images, d'illustrations, de photos de personnes accomplissant diverses besognes vous reviennent à la mémoire? Pourquoi les unes plutôt que les autres? Je vais vous le dire. Quelque chose a retenu votre attention, votre intérêt; vous y avez découvert un reflet de vos actes, de vous-même; vous y avez décelé une certaine ressemblance avec une de vos propres caractéristiques. En un mot, ces choses ont fait une telle impression sur vous que vous n'avez pu les effacer de votre mémoire. En fait, toutes les images que vous avez admirées ou que vous avez conçues continuent à faire grande impression sur votre esprit conscient.

Les sensations éprouvées devant ces images influencent également vos actions. Le magnétisme de votre force intérieure se mesure à l'intensité de votre désir. Évidemment, si vous êtes la proie d'une frayeur irraisonnée dans l'attente de tel événement, vous pouvez être assuré qu'il se produira tel que vous le concevez car cette frayeur agit sur votre force interne qui, à son tour, attirera le malheur anticipé.

Chassez la crainte de votre vie en affirmant par écrit votre courage, votre confiance, votre foi. Persuadez-vous que des bonnes choses vont se produire, que les soucis et les frayeurs n'ont plus droit de cité chez vous. Vous vous êtes rendu compte que si vous leur permettez de rester, ils n'attireront que malheurs et déboires.

Votre esprit naturel est à la fois une passoire et un filtre. Il capte tout ce qui lui est proposé et l'achemine vers votre subconscient sous la forme d'images mentales. C'est là son procédé normal à moins que vous n'interceptiez les idées, les transformiez, ou les empêchiez tout simplement de continuer leur route.

Maintenant, je vais vous choquer. L'esprit conscient peut se comparer à un système d'égoût qui reçoit toutes sortes de détritus, de débris sous formes de pensées bonnes ou mauvaises. À moins que vous ne soyez vigilant, vous ne pourrez tout simplement pas distinguer le bon grain de l'ivraie. Tout file ensuite vers le subconscient et, normalement, doit en ressortir sous des traits semblables, ou y demeurer pour attirer du pareil, car ce qui se ressemble s'assemble.

Vous avez sans doute entendu maintes et maintes fois l'expression *le flot ininterrompu des pensées?* Comme elle est juste! Les pensées affluent vers votre esprit et en refluent constamment.

Maître de vos pensées

Gare à vous! Ne laissez pas le flot de vos idées se polluer plus qu'il ne l'est présentement. Mettez-y un filtre qui disposera de toutes les craintes, de tous les soucis, de toutes les réactions négatives avant que ceux-ci ne pénètrent plus avant dans votre subconscient où ils pourraient causer un dommage irréparable. Chassez ces dispositions sans merci. Épurez le flot constant et ne conservez que ce qui peut transformer votre vie en une réussite dont vous pourrez être fier.

Notez ce que vous voulez devenir. Rejetez ce qui peut vous être néfaste. L'habitude des notes et du miroir fera merveille. Après un certain temps, il vous sera facile de forger vos images sans avoir recours à l'écriture, à des cartes-mémoire ou au miroir. Vous vous apercevrez que vous communiquez avec votre subconscient presque automatiquement. Tout de même, il se peut que vous vouliez continuer à noter comme auparavant; il n'y a pas de mal à cela.

Pratique! Répétition! Taratata!

N'ayez pas peur d'en demander trop car, comme je le disais plus tôt, vous pouvez obtenir la réalisation de tous vos désirs si vous prêtez foi à mes directives.

Lorsque vous gardez constantes à votre esprit les images de ce que vous désirez accomplir, les résultats se matérialisent automatiquement, car l'action n'est que la suite logique d'une conception profonde.

Ne perdez jamais de vue votre objectif car, comme le disait le roi Salomon il y a de cela trois mille ans:

«Faute de direction, un peuple décline».

Cette pensée est aussi vieille que le monde. Je me borne à la rajeunir et à vous suggérer des mécanismes modernes à portée de tous.

Nous savons tous que *l'épreuve de la recette est dans la dégustation.* Si vous doutez de ma sincérité, je vous demande simplement d'*essayer ma recette.* Vous verrez que vous obtiendrez l'objet de vos désirs si vous vous donnez suffisamment la peine de mettre en pratique les principes que je vous suggère. Cela tient presque de la magie, vous verrez!

Mon assertion repose sur les témoignages d'une foule de gens qui ont mis cette méthode en pratique et ont expérimenté les effets bénéfiques extraordinaires de cette force intérieure dans leur vie quotidienne.

Dressez une liste de vos projets. Après chaque réalisation, rayez-en l'objet et vous aurez la preuve que ce que j'avance est faisable.

À bas les rêves insensés! Adieu le doute! Attelez-vous à la tâche, notez vos objectifs... vous m'en direz des nouvelles!

11

Je le sais - Je le crois - Et c'est vrai!

Je souscris entièrement à cet axiome qu'on peut exprimer ainsi: *Si vous le croyez, c'est vrai!*

Voici en quelques mots ce que je vous répète depuis le commencement. Les grands maîtres, Bouddha, Confucius, Mahomet, Jésus et une foule de philosophes ont transmis ce même message. Nous le retrouvons dans toutes les confessions, les religions, les sectes. Partout, on traduit en termes différents l'essence de ces quelques mots: *Si vous le croyez, c'est vrai.*

Je me permets de citer ici la Bible qui dit: *L'homme pense et ses actions sont le reflet de ses pensées.* Un seul mot peut résumer ceci: la *foi.*

J'ai trop souvent entendu dire que le temps des miracles était révolu, mais jamais de ma vie je n'ai vu un penseur ou un croyant proférer un tel non-sens. Bien sûr, Aladin et sa lampe merveilleuse ne sont plus; ils n'ont probablement jamais existé... non plus que la baguette magique des fées, le tapis volant des mille et une nuits, toutes choses tenant de la légende ou du conte, sans aucun fondement sérieux d'ailleurs.

Lorsque je parle de miracles, j'entends des choses qui peuvent être réalisées par la foi, la foi intense en soi-même, en ses moyens, dans les personnes avec qui l'on doit frayer, en sa force personnelle, en cet esprit qui gouverne les gens et les choses. Si vous parvenez à vous bâtir une telle foi, une telle confiance, et à faire disparaître les côtés négatifs de votre moi, rien ne pourra plus vous arrêter dans votre élan vers la réalisation de vos désirs. L'idée peut vous sembler saugrenue, mais je vous affirme que cela est possible: vous pouvez obtenir ce que vous désirez si vous le voulez vraiment.

La confiance est la cheville ouvrière de toute réalisation. Vous devez vous en servir pour avancer et entraîner les autres à votre suite.

Quelle force pousse donc les Aimee Semple-McPherson Gypsy Smith, Billy Sunday; Billy Graham, Monseigneur Fulton Sheen, Norman Vincent Peale? *La foi et la confiance* d'abord en plus de l'habileté de communiquer cette certitude aux autres et vous aurez la dominante de toute religion. Toutes les grandes réalisations prennent leur source dans une foi inébranlable. Elles prennent racine dans une personne qui y croit, peu importe d'où lui vient l'idée! Il en est de même pour toutes les grandes inventions. Elles reposent sur la foi, la confiance en soi-même, en son habileté, en ses idées. Les super-vendeurs en connaissent le secret; ils font entrer en ligne de compte cette force intérieure agissante qui les propulse au sommet de leur profession. C'est ainsi qu'il leur est possible d'attirer des adeptes, qu'il soit question de religion ou d'autre chose. Des campagnes de bienfaisance, des projets communautaires, des entreprises avantageuses réussissent parce qu'ils ont à leur tête une personne armée de ce levier qu'on appelle la foi, bougie d'allumage, cheville ouvrière, fontaine inépuisable, qui permet de passer un message à une multitude à la façon d'une épidémie. Oh oui, la foi est vraiment contagieuse! Pensez-y sérieusement, profondément, et vous verrez que je ne vous raconte pas d'histoires.

Vous croirez en la réussite d'un projet communautaire, à un produit dont on mousse la publicité à la télé, à une religion, parce qu'une personne aura su vous inspirer confiance. Vous accepterez les assertions de certaines gens parce que vous croyez en leur sincérité. Vous avalerez tout ce qu'ils vous diront sans commentaire, vous achèterez tout ce qu'ils vous offriront car vous avez foi en leurs dires. C'est cela avoir la foi!

Parfois, une personne réussit à vous convaincre d'une chose funeste pour vous. Lorsque vous découvrez votre erreur, vous devenez amer et vous vous en prenez à tous ceux qui vous entourent. Vous vous dites: «Je ne ferai plus confiance à personne!» Plus tard, vous retirerez vos paroles car la nécessité de croire en quelqu'un fait partie intégrante de la nature humaine. Instinctivement, vous voulez mettre votre confiance en vos congénères et en vous-même. La vie ne vaudrait pas la peine d'être vécue si l'on ne pouvait se fier à personne.

«Foghorn» Murphy, la bête noire des arbitres au baseball, affirmait un jour sur les ondes, lors d'une émission de *You Bet Your Life* animée par Groucho Marx, que le cadeau le moins coûteux à faire à une autre personne, c'est de lui offrir notre confiance et notre sourire; ce cadeau rapporte d'énormes dividendes. Il avait cent fois raison: faire confiance est souverainement rentable. En certains cas, il se peut que votre confiance soit mal placée, mais c'est assez rare. La plupart des gens feront tout en leur pouvoir pour se montrer dignes de votre confiance. Ils pourront se payer la tête des autres, même se servir d'eux; à votre égard, ils seront d'une fidélité à toute épreuve.

On m'a souvent adressé ce reproche: «Pourquoi perdez-vous votre temps avec cet ivrogne, ce bon-à-rien? Il vous bernera, chipera vos biens à la première occasion.»

J'ai des nouvelles pour ces redresseurs à la manque. J'ai mis ma confiance dans des milliers de ces gens et je n'ai pas eu bien souvent à le regretter. Ceux qui ont déçu mes espérances étaient d'une nature trop faible pour continuer dans le droit chemin. Ils ont été plus désappointés que moi de n'avoir pu honorer la confiance que j'avais placée en eux; la grande majorité cependant continue à essayer de s'améliorer. Ils savent que j'ai toujours confiance en eux... que je ne les condamne pas... que je suis constamment prêt à les aider où et quand cela me sera possible. Ils sont persuadés également que la réponse à leurs problèmes se trouve au fond d'eux-mêmes, que je peux seulement leur donner un coup de pouce, qu'ils doivent se remettre sur pied par leurs propres moyens en s'appuyant sur la foi.

La force intérieure active n'a d'effet que si vous avez foi en elle.

De la foi aux actes

L'expérience est en même temps le maître le meilleur et le plus critique. C'est elle qui vous fait découvrir vos erreurs. Une fois la constatation faite, vous tentez de rectifier vos positions et, rapidement, vous vous apercevez que, pour mener à bien votre entreprise, vous avez besoin de ressources plus grandes que vos petites forces humaines. Vous découvrez alors cette force intérieure et, du fond de votre coeur jaillit ce cri: «Je crois!» qui déclenche en vous un courant magnétique prêt à exercer son pouvoir d'attraction. Lorsque vous voyez enfin venir à vous les réalisations auxquelles vous aviez cru, vous dites: *Elles sont vraies!*

Voici en quelques mots le procédé de réhabilitation qui s'opère en vous. Il n'est pas nécessairement de nature religieuse, tout en étant d'ordre spirituel, métaphysique. C'est de cela que les grands chefs de file parlent depuis toujours.

Les croisades entreprises en vue de vous convaincre de quelque chose ne se comptent plus. Arrêtez-vous un petit moment et réfléchissez. Qu'entend-on par le mot «*propagande*», bonne ou mauvaise? Bien souvent, elle n'est rien de plus que des projets ingénieux destinés à faire gober un message. Ceux qui ont vécu la pré-guerre en ont été témoins et, si vous gardez les yeux bien ouverts, le principe s'applique dans un grand nombre de sphères de nos jours, de la même façon qu'il fonctionnait dans les temps anciens et continuera après votre départ du séjour des vivants.

Partout dans le monde, on se bat pour posséder l'esprit des hommes, dans les nations libres comme dans les nations soumises, devant ou derrière le rideau de fer. Faites bien attention à ce que l'on tente de vous faire croire. Soyez sûr que vous êtes placé devant des faits précis, impartiaux. Sinon, retenez votre décision d'y souscrire et ne permettez pas à votre jugement et à votre intuition d'être relégués dans l'ombre par des incitations mélodramatiques.

Lisez les journaux, écoutez la radio, regardez la télévision tout en pensant à ce que j'avance. Vous vous rendrez alors compte que tous les discours de nos chefs, de nos cadres, sont prononcés dans un seul but: convaincre de quelque chose. Ils en sont conscients, allez! De toute façon, méditez consciencieusement sur ce que vous entendez, tirez vos propres conclusions avant de prêter foi.

Chacun de nous, placé sur la bonne voie, peut accomplir ce qu'il se propose s'il conserve présents à la pensée les mots suivants: Quand on veut, on peut.

En d'autres termes, appelez à votre aide cette volonté, cette foi, cette confiance qui travailleront pour vous à toute heure du jour et de la nuit, toute votre vie durant. Je vous promets que vous prendrez la tête du peloton à la vitesse d'une décharge électrique de haute fréquence zébrant l'espace.

La foi vous propulse vers votre but avec la rapidité de l'éclair. Par contre, tout aussi vivement, le doute et le dédain vous précipiteront dans une direction diamétralement opposée. La foi magnétise, le manque de confiance repousse.

Vous connaissez sans doute l'efficacité de la prière. Qu'est-elle sinon l'expression d'un désir sincère qui vient du fond du coeur? Le Christ a dit:

Si vous désirez une chose, que vous priez avec ferveur, sachez que vous l'obtiendrez.

C'est tellement vrai! Nous avons tous éprouvé des effets de nos aspirations ardentes et nous sommes persuadés que les événements sont la résultante de grands désirs. Depuis des siècles, les fluctuations dans l'économie des pays sont venues du désir de profits chez l'homme. Cependant, il a fallu de la foi à la base de tout cela. Autrement, les désirs secrets, les supplications ne sont que bulles de savon qui éclatent au vent.

Le Maître a dit également:

À celui qui croit, rien n'est impossible!

Il y a longtemps que vous savez cela, mais qu'en avez-vous fait?

La foi doit vous imprégner, s'établir solidement en vous et travailler à partir de l'intérieur. Du moment que vous croyez suffisamment à une chose, celle-ci prend forme dans votre esprit, suscitée par votre force créatrice interne.

Si vous veillez à empêcher les doutes, les soucis, les craintes d'obscurcir l'image originale que vous avez passée à votre subconscient, vous verrez alors se concrétiser vos espoirs.

Croyez, ayez confiance, je le répète souvent afin que cette pensée s'imprègne dans votre subconscient: *Tout ce que vous désirez peut être vôtre.*

Le pouvoir extraordinaire de la foi

Vous pensez peut-être que la foi, c'est de la foutaise, qu'elle ne peut agir comme je l'affirme? Voici, pour votre édification, l'exemple d'un homme qui n'attendait plus rien de la vie. Écoutez bien!

En septembre 1949, un jeune marin de 19 ans, William Toles de Rochester, Michigan, fut arraché du pont de son navire par une lame de fond et projeté dans une mer déchaînée au large de la côte africaine. Il était quatre heures du matin et Toles n'avait pas de gilet de sauvetage. Personne n'eut connaissance de l'accident et Bill savait qu'il n'avait aucune chance de s'en tirer.

Au lieu de se livrer à la panique, le jeune homme retira sa combinaison, fit des noeuds dans les jambes et se servit du fond de culotte en guise d'éventail pour gonfler les jambes, se façonnant ainsi un gilet de sauvetage inusité.

Il nous raconta plus tard qu'il avait tenté de mettre en pratique le conseil donné aux militaires à leur entraînement: *ne penser qu'au moment présent.* Il se doutait bien que son absence serait découverte vers les huit heures et qu'on enverrait des avions à sa recherche, puisqu'il se trouvait sur un bateau qui ne suivait pas la route ordinaire des paquebots.

Bill se sentait tellement maître de lui-même qu'il essaya de dormir en appuyant sa tête sur les jambes de sa combinaison gonflée, mais les vagues capricieuses et cruelles lui fouettaient le visage sans merci. Cependant, le jeune homme ne perdit pas espoir. Il se mit à répéter inlassablement:

«Mon Dieu, sauvez-moi!... Mon Dieu, sauvez-moi!»

Le matin arriva, aucun avion ne parut. Les espoirs de Bill commençaient à décliner. Le ballottement des vagues et l'ingurgitation d'eau salée lui avaient donné la nausée, le mal de mer. Il ne perdit pourtant pas confiance et continua de répéter sa prière: «Mon Dieu, sauvez-moi!... Mon Dieu sauvez-moi!»

Il fut enfin découvert vers quinze heures par les membres de l'équipage d'un cargo américain, l'Executor, qui n'en revenaient pas de voir un homme dans l'océan.

Mais le plus surprenant de l'aventure, c'est que le capitaine du cargo ne parvenait pas à s'expliquer pourquoi il avait changé le cap de son navire pour se diriger vers le jeune marin en détresse.

S'il n'avait pas agi de la sorte, il serait passé à des milliers de kilomètres de *ce point perdu* dans l'immensité de l'océan où Bill Toles, de sa foi inébranlable en Dieu, attendait du secours!

Le jeune homme ne paraissait pas avoir souffert outre mesure de son séjour dans la mer puisqu'il put grimper l'échelle sans aide. L'on porta un toast au champagne à la santé du rescapé.

Sa première pensée alla vers Dieu qui avait exaucé sa prière.

Aurez-vous encore l'audace de douter de la force de la foi devant un tel miracle?

Qu'est-ce qui avait dirigé le capitaine du cargo vers ce point minuscule perdu à des lieues de son navire? Qu'est-ce qui l'avait poussé à mettre le cap sur ce point, sur le naufragé?

L'esprit étant ce qu'il est, spirituel, il ne connaît pas de limites. Que pensez-vous de votre foi maintenant? A-t-elle grandi devant ce fait? Est-elle plus forte? Il est probable que vous ne serez pas placé dans des circonstances aussi tragiques. Il vous sera tout de même plus facile à l'avenir de vous appuyer sur la foi dans les situations critiques.

Cramponnez-vous à la foi, le bateau-secours ne vous fera pas défaut.

Votre foi doit être optimiste, confiante, inébranlable, vraiment sincère; sinon, elle n'aura aucune influence sur votre force intérieure qui doit attirer vers vous l'objet de vos désirs.

Dans un cas urgent, ne fixez pas d'échéance à Dieu, parce que cette *Puissance divine* fonctionne hors des limites du temps. Si vous tentez de l'encadrer, vous créez immédiatement des entraves, vous devenez tendu et finissez par douter du secours espéré.

Croyez plutôt fermement que le secours viendra au moment où vous en aurez le plus besoin. Cette attitude d'esprit dégagera votre force intérieure de toutes contraintes et lui laissera la voie libre pour vous fournir l'aide et la direction nécessaires.

Bill Toles ne s'est pas demandé une minute pourquoi Dieu attendait aussi longtemps pour lui envoyer du secours. Il savait qu'*Il* le ferait en son heure et il se contentait de répéter avec confiance: «Mon Dieu, sauvez-moi!» Il était convaincu qu'il allait être rescapé. Sa foi persévérante en fut récompensée.

Chassez les doutes, faites maison nette pour toujours car *tout est possible à celui qui croit. Si vous y croyez, c'est vrai.*

12

Je veux... Je veux... Je veux...

Si, au moment où vous abordez ce chapitre, vous n'éprouvez pas le désir de changer votre optique sur la vie, n'allez pas plus loin. Il vaut mieux vous défaire de ce bouquin. Dans le cas contraire, allez de l'avant; je puis vous assurer que vous êtes sur la bonne voie.

Des gens liront cet ouvrage comme ils ont lu *La magie de croire* et d'autres oeuvres semblables, accablés d'un fardeau mental. Plusieurs possèdent une connaissance superficielle des doctrines en *isme*; ils ont tâté l'occultisme, goûté aux philosophies hindouistes; ils ont tenté de se spiritualiser par des régimes végétariens outrés, des sacrifices variés, même en sublimant le sexe, etc... Ils se sont également exposés à la psychologie dite pratique, ont courtisé l'astrologie, le tarot. Partout, ils se sont bornés à effleurer. Ils se retrouvent sans arme devant la réalité des objectifs à atteindre.

Quelques-uns m'écrivent et me disent en substance: «L'étude de la métaphysique ne m'a apporté rien qui vaille. Ce n'est pourtant pas ma faute car on me dit bon étudiant, je passe pour une personne intelligente et je saisis très bien les principes de la métaphysique. Je suis vraiment désolé mais les méthodes décrites dans votre livre ne m'ont rien rapporté...»

Je n'ai pas inventé ces paroles; elles sont tirées d'une des nombreuses lettres qui me sont parvenues de personnes sincères. Elles avaient butiné de livre en livre, de religion en religion, de philosophie en philosophie, d'isme en isme, d'une pratique métaphysique à une autre dans le but de prouver que rien ne pouvait leur réussir.

Ces personnes réclament désespérément de l'aide, mais leurs dispositions intérieures les empêchent d'en recevoir. Elles se croient intellectuellement supérieures à tout ce qui s'écrit et se dit. Elles se répètent constamment qu'elles ne peuvent réussir même lorsqu'elles sont placées devant une technique qui a opéré des merveilles pour des milliers d'autres. Ce sont des perfectionnistes à l'affût de la petite bête, des contradictions, des erreurs courantes, au lieu de tenter de découvrir les moyens pratiques propres à résoudre leurs problèmes et à corriger certaines conditions de vie malheureuses. Inconsciemment, quelque chose force ces gens à demeurer au stade de l'enfance spirituelle dans leurs rapports avec autrui. C'est pour eux une manière d'attirer l'attention, de flatter leur égoïsme, de se venger d'un parent ou de quelque autre qui, à leur sens, ne les ont point traités comme ils le méritaient. Pour apaiser leur conscience qui leur reproche de ne pas affronter la vie comme ils le devraient, ils s'obstinent à scruter la métaphysique afin de prouver que, peu importent leurs efforts, rien ne peut les aider.

Une dame me disait: «Ma vie est une suite de déboires. Pourtant, j'ai toujours essayé d'améliorer ma condition par l'étude de la métaphysique et la prière. Si je réussis à amorcer un changement dans le cours de ma vie, dès l'instant où tout semble vouloir marcher selon mes désirs, quelque chose se présente qui me rejette dans l'ornière où je croupissais auparavant, tragique, monotone, sans aucun but précis. Et mon sort devient pire encore. Maintenant, le trouble, l'anxiété, le chagrin sont mes denrées quotidiennes et, quoi que je puisse faire, je ne puis m'en sortir.»

Naturellement, si nous pouvions nous voir avec les yeux des autres, nous pourrions faire une évaluation impartiale de notre valeur, des troubles dont nous sommes responsables par suite de notre manque d'objectivité, cause de la tristesse qui est notre lot.

Plus loin, cette même correspondante ajoutait: «Il est faux de croire que si l'on fait quelque chose pour son semblable, on en est récompensé. Depuis ma tendre enfance, j'ai toujours aidé les autres et je n'ai rien reçu en retour. Des gens que je croyais mes amis ont profité de mon bon coeur, de mon hospitalité. J'avais affaire à des parasites, des vagabonds, des vauriens. Il y a beaucoup plus de vérité dans le vieil adage: Plus tu en donnes, plus les gens abusent, que dans la parole de la Bible: *Lance ton pain à la rivière; dans quelques jours, il te sera rendu.* J'ai donné toute ma vie durant et que m'a-t-elle apporté? Il est clair que quelqu'un d'autre en profite à ma place.»

Décelez-vous le fardeau mental sur ses épaules? Lorsque vous faites le bien, il ne faut pas vous attendre à être payé en retour. Que faites-vous du désintéressement, de l'esprit de liberté de toute contrainte? Il est impossible de secourir la personne qui refuse la main que vous lui tendez. Vous la choquerez plutôt. Lorsqu'une personne insiste pour vous faire une faveur, sans raison apparente, vous devenez soupçonneux. Vous l'accusez intérieurement de chercher à vous créer des obligations pour obtenir certaines faveurs.

Vous avez certainement entendu ces paroles amères: «Après tout ce que j'ai fait pour cette personne, c'est inimaginable qu'elle me traite ainsi.»

Il y a des moments où les parents et les amis profitent de nous; il y a également des moments où nous commettons l'erreur de nous attendre à plus que ce que nous recevons. Pourtant, on ne nous remet que la monnaie de notre pièce.

Cette dame dont je vous parlais tout à l'heure, et d'autres de la même ligne de pensée, s'attendent inconsciemment au pire au lieu de penser positivement. Il va de soi qu'elles récoltent ce qu'elles sèment car le malheur qui s'abat sur elles est la pensée dominante de leur esprit inquiet. Cette dame se maintenait dans un état d'esprit défaitiste et, de cette façon, poussait sa force créatrice à perpétuer les expériences malheureuses de sa vie passée. Elle s'attendait à ce que les gens fassent preuve de grossièreté à son égard, profitent d'elle, ne lui tendent pas une main secourable dans ses besoins. Elle fomentait ainsi sa propre détresse car elle générait infailliblement le défaitisme. Elle se voyait même dépouillée de ses biens avant même d'avoir décidé d'en donner.

N'est-ce pas là un exemple «inspirant» de visualisation? Que peut-on attendre d'une telle image mentale? Certainement pas une miche de pain, ni même une croûte!

Vous qui avez compris le fonctionnement de l'esprit, vous pouvez voir ici l'exemple classique d'une personne qui se sert de sa force intérieure, mais *à contre-sens.*

Dans l'attitude de ces gens dont je viens de parler, on décèle un paralogisme flagrant. S'ils parvenaient seulement à se débarrasser de leurs conceptions erronées, de leurs idées fixes et jeter par-dessus bord leurs problèmes! *Ceux qui clament ne pas pouvoir inciter leur force intérieure à agir en leur faveur, c'est qu'ils la manoeuvrent depuis longtemps, mais dans le mauvais sens à cause de leurs dispositions défaitistes. Ils l'ont obligée à leur apporter l'échec au lieu de la réussite, le malheur au lieu du bonheur.*

Utilisez-vous votre force intérieure contre vous?

Posez-vous des questions franchement et honnêtement. Avez-vous permis à cette force défaitiste de jouer contre vous en tout ou en partie? Dans l'affirmative, vous n'avez qu'à vous en prendre à vous-même: vous êtes la cause des problèmes qui vous assaillent. Vous vous êtes refusé à admettre que vous avez mal employé votre force intérieure. Elle est unique et elle vous sert en bien ou en mal selon que vos pensées sont constructives ou défaitistes.

Faites un nettoyage et vous y verrez plus clair. Les choses prendront une toute autre allure. Quand l'aimant se détourne, il change automatiquement le champ magnétique qu'il couvre. Si vous vous contentez d'osciller entre le bien et le mal, vous perdrez ce que vous aurez acquis et ne récolterez que le doute. Vous devez tenir votre boussole solidement ancrée jusqu'à complète réalisation de vos objectifs. Cela suppose une volonté forte, une détermination à toute épreuve de conserver envers et contre tous, une fidélité à votre pensée constructive aussi longtemps qu'il faudra à votre subconscient pour entrer en action.

Je veux... Je veux... Je veux...

Répétez ces mots jusqu'à satiété, qu'ils deviennent une seconde nature. Regardez-vous dans la glace et répétez ces paroles. Écrivez-les en les répétant. Répétez-les pendant que vous vaquez à vos activités quotidiennes. *Je veux... Je veux... Je veux...* Vous acquerrez ainsi une fermeté inébranlable et invincible.

Un jour, un Noir tentait en vain de faire avancer une mule. Vous connaissez probablement cette anecdote. Son patron s'amena et lui suggéra: «George, pourquoi ne te sers-tu pas de ta volonté pour la faire avancer?» George hocha la tête et répondit: «Moi, essayé, mais pas marché, satanée bête se servir de sa volonté pour reculer.»

Est-ce votre cas? Faites-vous usage de votre contre-volonté? Vous répétez-vous que vos insuccès passés sont garants de vos déboires à venir? Si tel est le cas, vous faussez le jeu au départ. Vous ne pouvez clamer extérieurement: «Je vais réussir!» lorsqu'une voix intérieure vous suggère: «Tu sais bien que tu ne pourras jamais.»

Les gens les plus irréductibles au monde, qu'on ne peut pratiquement pas aider, sont ceux qui affirment dès le départ: «Je ne suis pas capable... je ne pourrai jamais.»

Le non-pouvoir est tout simplement la volonté à rebours. Ces deux forces, positive et défaitiste, peuvent vous apporter des résultats, chacune selon sa manière de procéder. Seulement, la pensée récalcitrante ne contribue rien de bon tandis que la bonne volonté vous procure des dividendes remarquables, formidables. Pourquoi alors vous cramponner au négativisme? Peut-être refusez-vous de tenter l'effort de vous aider vous-même? Vous manquez de confiance en vos moyens et en votre force intérieure. Vous craignez de vous tromper, d'essuyer de nouveaux revers. Pourtant, vous devrez bien prendre le départ un jour si vous voulez arriver à quelque chose dans la vie. Êtes-vous satisfait de votre image actuelle? Croyez-vous que tout le monde vous est redevable, que le prochain est dans l'obligation de vous secourir, que si vous supportez assez longtemps les vicissitudes de la vie, un jour viendra où le bonheur vous fera signe?

Ne vous bercez pas d'illusions! Il n'existe qu'une façon de vous en sortir et elle ne dépend que de vous. Personne ne peut vous conduire ou vous pousser dans la direction voulue. On peut vous indiquer la voie, vous remettre sur pied, vous placer en face du but mais, en définitive, c'est vous qui devrez vous y acheminer.

Je veux... Je veux... Je veux...

Votre volonté d'avancer infusera l'énergie nécessaire à votre machine, matera votre inertie, activera les cellules grises de votre cerveau, vous donnera force et vigueur de corps et d'esprit.

Le négativisme paralyse l'enthousiasme, l'initiative, le courage; il place des bâtons dans les roues, brime le corps et l'esprit et détruit toute joie de vivre.

Vite! Une injection de volonté!

Bon! Maintenant, que désirez-vous? Une piqûre de volonté ou de défaitisme?

Cette décision est de la plus haute importance. Tout votre avenir en dépend.

Une injection de volonté vous apportera une somme fabuleuse de bonheur, de succès, de santé tels que vous n'en avez jamais connus auparavant.

Par contre, le négativisme n'engendrera que misères, insuccès, maladies.

Faites votre choix! Vous êtes libre! Il ne vous en coûte rien. Les deux injections sont accessibles à tous et ne sont pas truquées. Elles sont des plus efficaces dans un sens comme dans l'autre.

Je me refuse à penser que vous pourriez opter pour le défaitisme, mais il pourrait en être ainsi si vous conservez au fond de votre coeur des sentiments de haine, de rancoeur, si vous en voulez à la société dans laquelle vous vivez, si vous croyez pouvoir prouver que nulle puissance au ciel ou sur terre ne peut vous apporter l'aide dont vous avez besoin.

Une idée fixe est excessivement difficile à extirper sans le secours de la volonté. Si vous avez contracté la mauvaise habitude de vous vautrer dans votre misère, l'opération sera pénible car l'habitude offrira de la résistance jusqu'au bout. Vous devrez faire preuve de détermination, être tenace, impitoyable pour vos fautes et vos faiblesses passées. Si vous vous laissez aller à la pitié, vous ancrerez davantage ces sentiments que vous voulez chasser. Ils élèveront des fortifications solides sachant qu'une fois la volonté bien en place, ils devront déguerpir. Ce sera un combat à finir.

Qu'en pensez-vous? Vous voulez bien rejoindre les rangs des volontaires? Alors, allez de l'avant, ne regardez plus en arrière. Devant vous s'ouvre une voie de plus en plus large, parsemée de gens joyeux, progressifs qui ont ajouté *Je peux* à *Je veux*, et qui cheminent vers des réalisations qu'ils n'avaient pas osé croire possibles.

Répétez-vous à en perdre le souffle: Je veux!... je veux!... je veux! Ne sentez-vous pas monter en vous l'espoir, l'ambition, la détermination et une nouvelle confiance en vos moyens?

Alors, dites: Je veux! et croyez-y fermement; vous êtes sur le chemin du succès et vos difficultés sont vaincues à jamais.

13

La pensée positive chasse les craintes et les soucis

Nous avons tous trop tendance à étudier, à peser, à disséquer les choses et, durant ce temps, les attitudes négatives se glissent dans notre entendement: comme en font foi les remarques suivantes: «C'est impossible!... J'ai peur!... Que m'arrivera-t-il si je fais cela?... Les gens ne comprendront pas... Cela ne vaut pas la peine d'essayer!... Je n'ai pas le temps...» et d'autres de même allure. Si vous n'avez pas vous-même prononcé ces paroles, d'autres vous les ont fait entendre; elles se sont insinuées dans votre subconscient et vous les avez acceptées comme si elles venaient de vous.

Il faut être réaliste pour aller de l'avant et vous devriez savoir maintenant comment vous y prendre.

Le défaitiste est battu d'avance. La nature reste fidèle à la vieille loi de la survivance. J'ai lu quelque part le sort que l'on réservait aux bébés de l'ancienne Sparte: on les laissait se débrouiller par eux-mêmes et seuls ceux qui survivaient avaient une chance.

Le défaitiste est un lâche et inversement, le lâche est un défaitiste. Il ne s'agit pas de ruer dans les brancards, de courir ici et là simplement pour le plaisir de créer de l'action. Il est tout aussi insensé d'être toujours sur la défensive car voilà encore un signe de défaitisme.

La personne qui refuse la défaite ne saurait être vaincue.

Si vous êtes pris par surprise et que le doute s'insinue en vous, redressez l'échine. Passez à l'attaque aussi rapidement que possible, car si vous restez dans cet état d'esprit, vous perdrez certainement la partie.

La *crainte* est un des plus grands handicaps dans la vie. Elle rend les gens négatifs et les empêche de voir les choses d'une façon réaliste. La crainte est une grande dévastatrice. Laissez-la guider vos pas et vous courrez à votre perte.

Job disait il y a plus de 3 500 ans:

Toutes mes craintes se réalisent et ce que je redoutais se produit. Il n'y a pas de doute que les malheurs de Job s'abattirent sur sa tête parce que ses craintes les y avaient attirés. Comme vous pouvez être l'aimant de bonnes choses en nourrissant des pensées réalistes, ainsi vous attirerez des déboires si vous entretenez des craintes.

Si vous m'avez suivi jusqu'ici, vous vous êtes rendu compte qu'en surveillant votre attitude mentale, vous vous en portez mieux. Alors, quelle sera votre récolte au bout du compte: chagrins, difficultés, soucis, échecs... ou bien santé, fortune, bonheur, succès? Tout dépend entièrement de vous. Rien sur terre ne peut diriger vos pensées, vous êtes seul responsable de la manière dont vous utilisez votre volonté pour façonner vos idées dans un sens réaliste.

Un ancien président des États-Unis, Franklin D. Roosevelt, faisait un jour cette observation remarquable: *La seule chose que nous devons craindre est la crainte elle-même.*

Il savait de quoi il parlait et les gens qui l'entendirent savaient qu'il avait raison et ils n'eurent qu'à considérer leur propre vie pour se rendre compte que la peur est encore plus dévastatrice que les choses qu'ils craignent.

Il est souvent plus facile de faire face à ce que nous craignons que d'anticiper de l'envisager car alors l'imagination a eu le temps de donner des proportions gigantesques aux éventualités qui nous font peur.

Un grand nombre de personnes sont honteuses devant une difficulté qu'elles avaient redoutée car elles la trouvent cent fois moins difficile à surmonter qu'elles se l'étaient imaginé.

Éliminez vos images de crainte

Vous ne devez jamais oublier que nous pensons en images; alors, toute représentation malsaine, couplée de frayeur, qui pénètre dans notre subconscient, ressemble à un grain que l'on dépose en terre: elle reproduira un fruit à son image.

Afin de vous protéger des effets néfastes de réactions émotionnelles négatives, ou de craintes lancinantes, tâchez d'acquérir l'art de maîtriser vos sentiments. Vous êtes encore victime de la crainte si vous vous surprenez à prononcer des paroles comme celles-ci:

«J'ai tellement de soucis qu'il m'est impossible de penser clairement.»

«Je sens que, peu importe ce que je tenterai, rien ne me réussira.»

«J'ai perdu confiance en moi et en Dieu.»

«Je suis tellement nerveux et tendu que je souffre d'insomnie depuis deux semaines.»

«Je ne puis surmonter ce qui vient de m'arriver.»

«Je sais que je ne devrais pas, mais je ne puis m'empêcher de céder à la haine, à la rancune, à la crainte.»

«La vie ne m'intéresse plus... je me suiciderais si je n'étais pas aussi lâche.»

«Le médecin m'a averti que si je n'apprends pas à contrôler mes craintes et frayeurs, je me tuerai lentement.»

Vous reconnaissez-vous dans ces paroles? Alors, il est grand temps de mettre la main à la barre pour éliminer votre attitude défaitiste. Un grand ménage s'impose.

Des milliers de gens m'ont écrit pour me faire part de leur découragement devant l'inutilité de leurs efforts pour chasser les craintes et soucis. Ils croyaient peut-être qu'il me suffirait d'agiter une baguette magique, de prononcer quelque incantation pour faire fuir tous ces sentiments. Cette façon fantasmagorique de procéder est sans doute plus aisée que de décider de se prendre en main et de suivre mes conseils. Je dus leur rappeler, un peu brutalement mais honnêtement, qu'avec la meilleure volonté du monde, je ne pouvais me substituer à eux. Telle n'est pas la règle du jeu. Tant et aussi longtemps que vous continuerez à alimenter des pensées négatives défaitistes, à vous plaindre des conditions dans lesquelles vous croupissez par votre faute, *à couver vos craintes*, vos malheurs persisteront.

Ces paroles ne sont pas très réjouissantes mais elles serviront peut-être à en réveiller quelques-uns et à les aiguiller dans la bonne voie. Tout dépend du sérieux de votre *résolution* de vous débarrasser de vos craintes et soucis. Vous ne pourrez y arriver que si vous transformez vos pensées négatives en pensées positives. Je n'entends pas par là que vous passiez votre temps à alterner du positif au négatif.

Tenez bon!

Les gens qui m'affirment qu'ils pensent toujours de façon constructive me font sourire. Je ne puis m'empêcher de leur demander alors pour combien de temps. Ils me répondent que cela peut durer au moins quelques minutes. Voici une attitude qu'il vous faut éviter à tout prix car il faut être réaliste tout le temps, non seulement pendant quelques instants, mais jour après jour, heure après heure.

Que penseriez-vous d'un joueur de tennis qui se contenterait de frapper quelques balles avec son adversaire, irait se reposer quelques instants pour revenir échanger d'autres balles et retourner s'asseoir de nouveau? Vous diriez avec raison qu'il a perdu le nord.

Eh bien, la vie est un combat continuel. Vous vous devez d'y participer que vous le vouliez ou non, d'y mettre tout votre coeur, toute votre énergie parce que vous faites face aux soucis, aux craintes. La seule et unique façon d'en venir à bout est d'adopter une attitude positive et agressive. Arrêtez ces tentatives de fuite, affrontez les craintes, les soucis, regardez votre ennemi en face, forcez-le à reculer, à s'éclipser. Devant votre courage, la peur prendra la poudre d'escampette. Elle perd de son ascendant dès le moment où vous lui servez un de ces coups solides marqués de vaillance et de volonté de réussir. Elle en sera brisée, réduite à néant. Vous ne pouvez être positif et négatif en même temps. L'un doit prendre le pas sur l'autre. Il ne faut pas lâcher prise.

Vous serez peut-être couvert d'ecchymoses mais si vous continuez la lutte avec intrépidité et résolument, vous vaincrez. La peur ne résiste pas à la volonté bien arrêtée.

On se plaît à répéter depuis bien longtemps que *les ulcères ne sont pas causés par la nourriture que l'on absorbe; ils viennent plutôt des soucis qui nous dévorent.*

La crainte peut dérégler votre métabolisme et vous créer toutes sortes de désordres physiques telles palpitations, indigestions, respiration saccadée, sueurs, tension nerveuse, réactions allergiques, et une foule d'autres réactions qui, avec le temps, peuvent être la source de nombreux problèmes.

«Je crains l'obscurité, j'ai peur de tomber, j'ai peur du feu, de ceci, de cela, en fait j'ai peur d'à peu près tout!» Alors, je demande: «Que faites-vous pour parer à cet état de choses?»

Je m'entends répondre: «Que voulez-vous que je fasse? J'ai peur, c'est tout!»

La peur... la peur... ils se répètent constamment qu'ils ont peur, et ils ont vraiment peur. Les semblables s'attirent. Une petite boule de neige grossit à mesure qu'elle dévale la colline couverte de neige et elle se retrouve géante au bas de la pente. À moins que vous ne détruisiez votre boule de peur dès le début, elle prendra des proportions telles que vous pourrez difficilement l'arrêter. Elle vous renversera avant que vous ayez pu faire quoi que ce soit.

Permettez à vos frayeurs de consolider leur emprise sur vous en les nourrissant de nouvelles frayeurs et vous aurez donné naissance à un raz de marée qui vous emportera sans retour.

L'inquiétude est la servante de la peur, je dirais même sa dame de compagnie.

George Washington disait: «L'inquiétude représente l'intérêt payé par ceux qui cultivent la peur.»

John Bunyan affirmait qu'il parvenait à éliminer le souci durant deux jours chaque semaine:

Il y a deux jours chaque semaine où je ne permets pas au souci d'avoir droit de cité chez moi: hier et demain. Ces deux jours sont complètement exempts de peur et d'appréhension; ils sont sacrés pour moi.

Pensez-y bien! Si vous parvenez à faire disparaître les soucis d'hier et de demain, il ne vous reste qu'à vous occuper d'*aujourd'hui.* Plus de problèmes!

Mais voilà! Aujourd'hui représente le seul temps où vous vivez. C'est le seul moment où vous devez faire face à la réalité, où vous pouvez construire ou démolir. Aujourd'hui, avant de devenir un autre hier, vous offre l'occasion d'avancer ou de courir le risque de reculer. Aujourd'hui, avant de devenir un autre demain, vous permet de jeter les fondations d'un avenir prometteur.

Qu'en faites-vous? Est-il rempli de vos craintes et soucis habituels qui transformeront votre demain en une triste répétition de votre aujourd'hui?

La pensée, positive ou négative, mène le monde pour le meilleur ou pour le pire

Toute tendance à la hausse ou à la baisse dans l'économie repose sur notre façon de penser, de concevoir les choses.

Lorsque les chefs de file de ce monde, les hommes d'état, les financiers, les éditeurs, les publicistes, les économistes, ceux qui influencent la pensée de milliers d'êtres dans toutes les parties du globe, laissent les idées négatives prendre le dessus, ils créent chez ceux qui dépendent d'eux des pensées similaires et les affaires périclitent.

Par contre, lorsque ces mêmes chefs balancent la peur par-dessus bord et vont de l'avant, ils entraînent avec eux des armées d'adeptes enthousiastes et les affaires prospèrent.

À bas la peur, ce fléau de l'humanité!

La peur s'est installée à demeure partout dans le monde. La menace des bombes A et des bombes H ou d'autres engins tout aussi destructeurs, plane sur nos têtes. Dans de telles conditions, il n'est pas étonnant de constater que la situation économique universelle souffre d'un déséquilibre, d'une instabilité précaire et qu'on redoute l'apparition d'une troisième guerre mondiale. Ajoutez à ceci les préjugés raciaux, les ressentiments, les rancoeurs entre les peuples, les craintes et les soupçons qui sont à l'ordre du jour, et vous reconnaîtrez qu'il faut une attitude d'esprit hors de l'ordinaire pour conserver son équilibre mental.

Donc, devant cet état de faits, il est d'une importance capitale que vous appreniez à maîtriser vos sentiments - craintes et inquiétudes - que vous vous représentiez recevant des impulsions de votre force intérieure afin de préserver votre sens des valeurs, votre équilibre, en dépit de tout ce qui peut se produire dans l'univers. De cette façon, vous contribuerez à l'amélioration des conditions de vie de votre communauté et exercerez une influence bénéfique sur les événements.

Soyez positif! Faites preuve de courage, de confiance; jetez des bases solides aujourd'hui de sorte que vous pourrez, jusqu'à un certain point, façonner votre avenir.

Rappelez-vous que l'homme sera toujours un homme, qu'il soit Européen ou Asiatique! Tous, nous sommes sujets aux mêmes sentiments, aux mêmes influences, aux mêmes vibrations; après tout, une communauté, une ville, une nation, n'est-ce pas en premier lieu un groupe d'individus?

Je vous le répète: *L'attitude de l'homme est le reflet de ses pensées.*

La communauté réfléchit la pensée de ses membres; il en est ainsi d'une ville, de la terre entière. Contribuez à la pensée universelle. Votre attitude positive aidera les autres gens à devenir plus positifs malgré les échecs et les embûches.

Lorsqu'un train passe en trombe sur un passage à niveau devant vous, vous appliquez les freins, passez au neutre et laissez tourner votre moteur au ralenti. Quand le train est passé, pour vous remettre en mouvement, vous n'allez pas passer à la vitesse arrière.

Vous êtes un peu comme la boîte à vitesse d'une voiture. La marche arrière représente les soucis, les craintes, les maux et les malaises. D'accord? Donc, lorsque tout semble tourner au désastre, que vous ne savez plus où donner de la tête, bloquez les freins, laissez votre moteur tourner au ralenti et ne vous remettez pas en marche avant d'y avoir vu clair.

La vitesse de croisière représente tout ce que vous désirez atteindre: santé, fortune, bonheur, réussite. Aucune puissance au monde ne peut changer vos vitesses à votre place. Souvenez-vous que vous êtes le maître de votre destinée et vos pensées guideront vos actes car

Le bien et le mal n'existent que dans la pensée.
Hamlet, Scène II, Acte II

Vos pensées vous guident dans la décision à prendre: vitesse de croisière ou marche arrière. Lorsque vous décidez d'utiliser la marche arrière, les inquiétudes et la peur, vous apportez dans votre existence ce que vous voudriez éviter le plus.

Dites et répétez continuellement afin que votre esprit en soit imprégné: «À partir de ce moment, je suis positif, je vais de l'avant!» Soyez sincère en le disant.

Bloquez votre marche arrière afin de la rendre impropre à servir. Fermez la porte sur hier et barricadez-la. Passez ensuite à la vitesse de croisière et *maintenez-la!*

14

Preuve étonnante de la télépathie

Avant de passer à l'action, de tenter d'atteindre votre objectif par le biais de votre force intérieure, vous devez en apprendre davantage sur le travail mystérieux de votre subconscient. De nombreux savants, physiciens, biologistes, anthropologues, médecins, psychologues, psychiatres et autres, se penchent constamment sur l'esprit et tentent d'en sonder les profondeurs. Ils ont découvert que de grandes parties du cerveau peuvent être enlevées sans pour autant en diminuer l'acuité et le bon fonctionnement. Vous connaissez sans doute l'encéphalographe, cet appareil électronique de haute précision servant à enregistrer les ondes du cerveau humain. J'ai eu la révélation, il y a quelque temps, d'un autre instrument encore au stade de l'expérimentation qui pourra capter les ondes émises par toutes les parties du corps humain et délimiter son état de santé électroniquement.

Voyez-vous, le corps humain n'est pas simplement la masse organique que l'on croit. On y réfère maintenant comme à une machine électro-chimique ultra-sensible. Il y a quelques années encore, les savants croyaient que l'âme était partie composante du corps humain et qu'elle mourait en même temps que lui. Aujourd'hui, ils n'en sont plus aussi sûrs. En fait, plusieurs d'entre eux en sont arrivés à la conclusion que cette intelligence forme une entité par elle-même, qu'elle utilise le corps simplement pour se manifester. Alors, figurez-vous que vous êtes le locataire d'une magnifique résidence de chair, acquérant de l'expérience et apportant des améliorations où cela est indiqué, pour finalement quitter cette demeure lorsqu'elle n'est plus utile ou détériorée.

Fantastique, n'est-ce pas? Rien ne devrait plus nous étonner de nos jours où le merveilleux se mêle au quotidien. Ce que l'esprit conçoit, il peut l'accomplir. L'homme a toujours rêvé d'immortalité. Ses chansons, ses écrits en font foi; sa religion, ses aspirations, sa philosophie en sont fortement teintées. De nos jours, il devient de plus en plus évident que l'homme s'est toujours douté de l'existence d'une sphère où les cinq sens ne sont plus d'aucune utilité, une terre aussi réelle que celle qu'il habite et qui l'attend après ce que l'on est convenu d'appeler la mort qui n'est tout au plus qu'un passage.

À mesure que vous avancerez dans la connaissance de vous-même, vous acquerrez la conviction que la vie n'est que le commencement d'une grande aventure dans l'univers créé par Dieu.

Le secret de cette compréhension de vous-même et de vos rapports avec l'*Intelligence divine* que vous portez en vous réside dans l'influence positive exercée sur votre subconscient.

Comment vous représentez-vous celui-ci? Savez-vous que votre corps abrite le mécanisme le plus fantastique au monde? Le mot «mécanisme» n'est peut-être pas juste, mais nous devons tout de même lui donner un nom. Si vous dirigez votre subconscient avec adresse, il fonctionnera avec la précision d'une horloge. Un domestique qui obéirait à vos ordres sans discuter et ferait exactement ce que vous lui ordonneriez vous donnerait une petite idée de la nature de votre subconscient.

C'est le subconscient qui conserve, pour un usage futur, les images et sensations dérivées de certaines expériences, vos sentiments envers le prochain, vos craintes et soucis, vos haines et préjugés, de même que vos bonnes pensées. Lorsque vous concevez des projets rentables, vous incitez les bonnes pensées déjà emmagasinées dans votre subconscient à refaire surface. Si quelqu'un vous plaît aujourd'hui et que rien ne vienne altérer votre attitude, votre amour sera encore plus grand le lendemain car les sentiments de chaque jour qui passe viennent s'ajouter à ceux que l'on possède déjà: la répétition est une puissance formidable.

Commencez à faire une chose d'une certaine façon, vous continuerez de la même façon à moins d'un changement d'avis ou d'un événement qui en détourne le cours.

Vous tracez un sillon dans votre esprit comme ceux que l'on retrouve sur les disques; cependant, vous pouvez le modifier à votre gré parce que vous êtes libre et que vous avez le choix de vos moyens, que votre subconscient se laisse guider par vos décisions et vos désirs conscients.

Votre subconscient peut se comparer à un vaste entrepôt où les connaissances acquises par l'étude, l'expérience ou la réflexion, attendent d'être utilisées. Il recèle également des notions qu'il vous communique par le truchement d'intuitions, de perceptions extra-sensorielles car une portion de votre subconscient n'est pas limitée par le temps ou l'espace. Vous avez là une centrale énergétique qui recueille de tout ce qui vous entoure des renseignements que vous ne pourriez découvrir par vos seuls moyens. Personne n'a encore percé le mystère de l'opération du subconscient, mais les savants travaillent à recueillir des preuves que le corps humain est une puissante centrale d'où rayonnent et aboutissent des réseaux universels. Vous pouvez contacter à peu près tout ce que vous désirez. Naturellement, bien peu d'entre nous ont acquis la capacité de forcer cette puissance à leur faire prendre contact avec les éléments physiques, mentaux, psychiques et, d'après les chercheurs, avec le monde spirituel passé, présent et futur... mais on compte bien y parvenir un jour.

Le corps reflète les pensées

Votre subconscient ne dort jamais. Une seule pause de votre subconscient et votre corps cesserait de fonctionner, car il comporte l'intelligence miraculeuse qui fait battre votre coeur, respirer vos poumons, digérer les aliments - et n'allez pas croire que cela soit toujours facile! Tous vos sens, en même temps que tous les organes de votre corps, sont soumis à votre subconscient. Si vous ne posez pas d'entraves à son travail, par des craintes ou des soucis, votre coeur battra régulièrement, vous respirerez sans même y penser et vous n'aurez pas à vous préoccuper de votre estomac. Devenez soudainement tendu et vous constaterez comme votre coeur palpite, votre respiration devient saccadée et vous perdez l'appétit car votre estomac vous semble noué. Cela ira peut-être jusqu'à la nausée. Ces remarques devraient vous donner une leçon: laissez le subconscient s'occuper de votre corps et pensez à votre tournure d'esprit. Si vous signifiez à votre subconscient que vous êtes tracassé, celui-ci se verra dans l'obligation de passer ce message à votre corps - la maison dans laquelle vous vivez - qui, à son tour, réfléchira la même image. Vous ne pouvez vous sentir bien si vous pensez maladie.

Avant de vous endormir, proposez à votre subconscient un sujet sur lequel travailler. Placez votre confiance en cette intelligence supérieure que vous portez en vous. Reposez paisiblement et, au réveil, il y a de fortes chances que vous ayez la réponse à votre problème, ou, à tout le moins, un moyen d'y parer. Votre subconscient est votre plus fidèle serviteur.

Plus vous lui en demanderez, plus il en fera... inlassablement. Souvenez-vous qu'il n'est pas limité dans son fonctionnement à moins que vous ne lui mettiez des entraves par des pensées mesquines.

Ce prestigieux subconscient possède ce que l'on pourrait qualifier de pouvoir magnétique. Il mobilise toutes vos ressources sur les plans physique, intellectuel et spirituel dès le moment où il possède une image claire de ce que vous désirez. Il semble qu'il attire instantanément autour de vous les conditions et facteurs nécessaires à la réussite, les personnes à rencontrer. Les conclusions se présentent si naturellement que vous ne vous rendez pas compte du rôle joué par votre subconscient.

Vous ne pouvez échouer si vous placez votre confiance en cette merveilleuse force intérieure. Cependant, de toutes les fonctions de votre subconscient, la plus mystérieuse est encore ce que la science appelle la faculté extra-sensorielle, la perception extra-sensorielle.

Perception extra-sensorielle? Qu'est-ce à dire?

Vous êtes sans doute au courant des recherches approfondies du professeur J. B. Rhine et de ses collègues de l'Université Duke dans le domaine de la parapsychologie. Je vous en donne un bref aperçu.

Il y a de nombreuses années, le professeur Rhine entreprit ses recherches en partant du principe que l'esprit humain pouvait, sans l'aide du corps, fonctionner par lui-même, avoir connaissance de choses indépendantes de son habitat, secondé ou non par un autre esprit émetteur ou récepteur. Au début, il se servit de cartes affichant en noir des croix, des cercles, des carrés, des triangles ou des lignes ondulées. Il demandait à ses sujets de s'asseoir dans différents endroits de l'édifice et d'essayer de transmettre et de recevoir les impressions de ces images. Certains de ses collègues cherchèrent à transmettre l'ordre dans lequel se présentaient les symboles sur les cartes, dont personne ne connaissait l'arrangement au préalable. D'autres encore tentèrent de faire percevoir par leurs sujets la suite dans laquelle les symboles étaient disposés après qu'on eût mêlé les cartes, dans le but de découvrir si l'esprit pouvait déceler à l'avance la venue d'un événement spécifique.

Le professeur Rhine mit un soin infini à protéger ses expériences de tricheries possibles voulues ou non, du pouvoir de suggestion de l'individu ou des facteurs physiques pouvant fausser le jeu. Les résultats du point de vue quantitatif dépassèrent ses plus grandes espérances.

Il n'est plus permis maintenant de douter de l'existence de cette force intérieure. De fait, son influence même sur les plantes et les animaux a amplement été prouvée. Pourtant, nous n'en sommes encore qu'aux balbutiements de cette science des relations entre notre esprit conscient, notre puissance intérieure, et les forces ambiantes; cependant, nous percerons le mystère un jour.

On dénombre des milliers de personnes, hommes, femmes, enfants, qui ont reçu des messages de télépathie, de clairvoyance ou de pressentiment. Ces messages surgissent sous forme d'images mentales, de sensations fortes, d'impulsions soudaines, à l'état de veille ou durant le sommeil. Ces personnes ont senti ou *vu* des événements qui survenaient dans la vie d'amis, de parents, ou même d'étrangers, se produisant à plus ou moins grande distance ou à des moments futurs. Soumis à certaines conditions de réceptivité ou de concentration, l'esprit peut communiquer librement avec un autre en dehors des barrières du temps et de l'espace.

Vous pouvez développer des pouvoirs spirituels semblables

J'ai déjà attiré votre attention sur le travail de votre subconscient qui transcende le temps et l'espace. Lorsque vous aurez réussi à maîtriser vos propres pouvoirs, vous aussi serez en mesure de transmettre des idées et d'en capter.

Si vous désirez tenter quelque expérience télépathique, il y a une marche à suivre bien définie. Un grand nombre de personnes en ont fait l'essai et ont été époustouflées par les résultats obtenus. En premier lieu, détendez complètement votre corps. Cela peut prendre un certain temps mais vous réussirez à la longue. Faites le vide dans votre esprit conscient, entrez en vous-même et concentrez votre attention sur votre écran mental. Cet écran imaginaire habite votre subconscient et reçoit les images venant de l'extérieur selon le principe de la télévision.

Je suis persuadé que nous possédons tous ces pouvoirs sensoriels à l'état latent, ou non suffisamment développés. Ils commenceront à travailler pour nous dès que nous en prendrons conscience, dès que nous aurons confiance en eux. Le doute et le cynisme obscurcissent ces pouvoirs aussi sûrement qu'ils empêchent nos forces créatrices de se manifester. Ces facultés extra-sensorielles font partie du même pouvoir extraordinaire que nous possédons. Vous éprouvez soudainement le besoin de poser telle action ou de vous en abstenir? Votre intuition en est responsable; cette perception extra-sensorielle tente de vous livrer un message.

Parfois, vous recevrez une impression de ce qui est sur le point de vous arriver à vous ou à quelque autre personne dans un avenir rapproché. Ne permettez pas alors à votre esprit de raisonner cet événement préconçu si vous sentez que cette impression est franchement authentique.

Je crois que l'homme a le pouvoir, dans une certaine mesure, de façonner son destin. Plus il sera persuadé de la puissance de son esprit, des facultés intuitives dont il est le dépositaire, plus il suivra ses impulsions, ses pressentiments, plus il pourra éviter les écueils de la vie et plus il attirera la réussite.

J'ai consacré plusieurs années à développer mes pouvoirs d'intuition et je crois que presque tout individu peut affirmer que, un jour ou l'autre, il s'est trouvé sur la même longueur d'ondes qu'un de ses congénères. Le récit de madame J. R. Hutchinson, de LaJolla en Californie, en est une parfaite illustration. Écoutons-la!

> Nous étions, je crois, en 1925; ma fille avait environ trois ans. J'avais été invitée à une soirée où chaque participant recevait un petit parasol japonais en papier. Je dis à mes amis que ma fille serait ravie d'en avoir un et ils me donnèrent tous leur parasol pour elle. Elle s'amusa avec ses petits parasols durant de longues journées. J'avais même inventé une chansonnette sur les parasols et nous avions pris l'habitude de la chanter ensemble. Par la suite, les pararols et la mélodie sombrèrent dans l'oubli.

Un matin de juin, cette année, je me suis éveillée obsédée par une rengaine que je ne parvenais pas à chasser de mon esprit. Petit à petit, les mots me revinrent et, quelques heures plus tard, alors que je vaquais à mes travaux ménagers, toute la chanson refit surface. Je courus alors vers mon mari qui travaillait au jardin et lui proposai de lui chanter une jolie chansonnette sur un petit parasol de papier. Il y consentit et, après exécution, je lui dis qu'elle me trottait dans la tête depuis mon réveil, obstinément lancinante. Comme il est un homme très réaliste, il se moqua un peu de moi parce que j'attachais tant d'importance à cette chansonnette. Puis, j'oubliai l'incident.

Le 18 juin, je reçus par le courrier une enveloppe volumineuse venant de Mexico; elle contenait certainement autre chose qu'une lettre. Intriguée, je m'en fus vers la maison tout en me demandant ce qu'elle pouvait bien contenir et comment elle avait pu passer à la douane. Je m'empressai donc de l'ouvrir pour y découvrir, à ma grande surprise, un petit *parasol de papier* et une note de ma fille: *Te souviens-tu de la petite fille à qui tu avais rapporté de minuscules parasols japonais d'une soirée d'adultes?*

Malheureusement, la missive n'était pas datée et il me fut impossible de déchiffrer la date d'oblitération. Dans mes lettres à ma fille, je n'avais certes pas parlé des parasols japonais, encore moins de la chanson. Tout de même, j'en ai conclu qu'elle avait reçu l'impression de mes pensées sur les parasols ou que l'inverse s'était produit chez moi. Après tant d'années, une chose aussi inusitée ne pouvait être qualifiée de coïncidence.

Des gens prétendent pouvoir se mettre en rapport avec leurs parents ou amis disparus. Pourquoi pas? Si l'être survit après la mort et peut communiquer par l'esprit avec un autre esprit pendant son séjour sur terre, il devrait aussi être capable de nous rejoindre par l'esprit quand nous développons davantage les puissances de notre sensibilité ou par nos rêves, quand notre esprit conscient est au repos et que nous sommes au niveau subconscient, sans limite de temps ou d'espace!

Arthur Godfrey nous parle d'une expérience psychique personnelle dans un article de la captivante revue *Guideposts:*

> En 1923, je faisais partie de l'équipage d'un destroyer et on m'avait affecté aux communications radiophoniques. Depuis mon départ de la maison paternelle, j'avais tenté divers métiers. J'en avais vu de toutes les couleurs avant de m'enrôler dans la marine où je me sentis tout de suite en sécurité. Un jour, je m'endormis dans ma cabine et je fis un rêve.
>
> Mon père, que je n'avais pas vu depuis de nombreuses années, s'avança vers moi. Il me tendit la main en disant: «Au revoir, mon fils!» Je lui rendis son salut et fis une petite prière, bien sommaire mais venant du coeur.
>
> Il disparut alors. Lorsque je m'éveillai, mes compagnons m'annoncèrent que, durant ma sieste, ils avaient reçu une communication les avisant de la mort de mon père.
>
> Ne me dites pas que la science peut tout expliquer. Je sais maintenant qu'il y a quelque chose de plus grand. Dieu est la différence! C'est Lui qui dirige.

Oui, Dieu *est* la différence... La *Puissance divine* en chacun de nous. *Il* nous laisse le choix de la développer et d'apprendre à nous en servir tous les jours. Habituez-vous à suivre vos intuitions, à faire état des impressions que vous subissez. Si vous croyez fermement à cette force intérieure, vous réussirez. Une fois que vous aurez vécu quelque événement semblable à ce que vous venez de lire, il y a de fortes chances que vous ne doutiez plus jamais.

15

Votre esprit peut accomplir des guérisons

Pour réussir dans la vie, il faut jouir d'une bonne santé. Seul un corps sain peut soutenir un esprit énergique. Ceux qui traînent des corps malades peinent souvent laborieusement par leur faute. Dans nombre de cas, leur esprit défaitiste et leurs réactions émotives fausses sont la source de tous leurs maux.

Examinez-vous à fond! Si vous ne vous sentez pas aussi bien que vous devriez, qu'avez-vous fait pour attirer le mal dont vous souffrez? Vous avez sûrement posé des actes ou nourri des pensées qui ont perturbé votre métabolisme: frayeurs sans fondement, soucis, haines, rancoeurs auxquels vous avez donné le feu vert. Rien ne se produit par accident. C'est un fait établi que votre corps est influencé par votre attitude mentale, surtout si celle-ci devient chronique. Vous savez très bien que les soucis et les inquiétudes peuvent déranger votre digestion, vous causer des palpitations, vous couper le souffle ou provoquer des transpirations nerveuses. Une peur soudaine peut causer tous ces ravages. Alors, ne me dites pas que votre disposition d'esprit n'a rien à voir avec votre santé physique.

Maintenant, écoutez bien ceci: si votre esprit a le pouvoir de vous indisposer par ses pensées défaitistes, il possède également le pouvoir de vous guérir par ses pensées optimistes.

Je ne veux pas dire par là que la puissance de l'esprit est un remède à tous les maux, mais je sais qu'une attitude positive peut soulager une personne souffrante. Le professeur Émile Coué, qui nous a fait l'honneur d'une visite il y a quelques années, affirmait que nous pouvons nous guérir nous-mêmes si nous suivons sa méthode qui consiste à se répéter sans cesse, comme une rengaine: *Chaque jour, de toutes les façons, je me sens de mieux en mieux.*

Son approche était tellement simple qu'on le prit pour un déséquilibré. Il n'avait rien inventé pourtant, pas plus que je n'invente moi-même. C'était une autre façon de se servir du procédé de la répétition... conservant constamment à l'idée ce que vous désirez... les pensées positives sont transmises à votre force intérieure qui se charge de les réaliser.

Si vous entretenez des pensées de santé florissante, de bonheur, de fortune, elles se réaliseront pour sûr avec le temps; il ne saurait en être autrement.

Mais, halte-là! Il ne faut pas exagérer. Des suggestions comme celles du professeur Coué ont perdu de leur impact auprès de certaines personnes en raison de l'enthousiasme exagéré manifesté par d'autres. Ne vous leurrez pas en pensant que le seul fait de répéter les paroles du professeur Coué vous apportera les résultats escomptés. Il vous faut aussi transformer votre attitude mentale, vos mauvaises habitudes génératrices de malaises et d'indispositions.

Vous ne pouvez anticiper de bons résultats si vous continuez à entretenir des pensées défaitistes.

Nous connaissons tous des gens qui n'ont d'autres sujets de conversation que leurs maux de dos, de tête, d'estomac, etc... À force d'en parler, ils arrivent à en souffrir effectivement. Si vous ressentez un petit malaise et que vous réalisez qu'il provient d'une tension nerveuse ou de quelque autre cause, pourquoi en faire état? Il n'est pas nécessaire non plus de mettre l'accent sur vos difficultés, vos tracas. Ils ne provoquent que l'ennui chez les autres et un marasme profond chez vous. Vos amis sont aux prises avec leurs propres troubles et ils seront d'autant plus vexés parce que vous touchez leur point vulnérable. C'est vrai; quand vous ne vous sentez pas bien, ça agit sur votre plexus solaire. Plus vous affichez une figure d'enterrement, plus vous vous répétez que tout va mal et plus vous sentez l'ombre du croque-mort s'étendre sur vous. À force de ruminer vos maux, vous les magnifiez, les gonflez, les ancrez plus profondément en vous.

Renversez cette attitude négative, devenez positif. Vous constaterez que les malaises, les soucis, les ennuis fuiront à vive allure. Ils ne pourront subsister en votre âme si vous refusez de les nourrir.

Si vous êtes peiné par une chose extérieure à vous-même, ce n'est pas cette chose qui vous dérange mais bien l'interprétation que vous en faites. Et il est en votre pouvoir de vous débarrasser de cette pensée. Alors, si quelque chose en vous vous cause des malaises, qui donc vous empêche de corriger votre façon de voir cette chose?

Philosophie ancienne

La puissance curative de l'amour

Des savants de l'Université Harvard, sous la direction du professeur Pitirim A. Sorokin, se livrent actuellement à des expériences inusitées. Ils étudient *la puissance de l'amour.* Ils ont déjà prouvé que celui-ci exerce une plus grande influence sur la maladie que la médecine elle-même. Bien dosé, ce sentiment peut aider à prolonger la vie, à donner un regain de santé et de bonheur et à pacifier l'âme. Le professeur Pitirim et son équipe en ont constaté les effets sur des jeunes et des moins jeunes exposés à l'amour. Vous n'aimez pas cette personne, vous la haïssez depuis longtemps? Aimez-la plutôt et vous verrez vos rapports se transformer. Vous aurez probablement la joie de vous en faire un ami sincère et de vous éviter des ulcères. La plupart des gens sont lents à oublier les insultes, mais ils conservent le souvenir impérissable d'une bonté que l'on a eue à leur endroit. Ne préféreriez-vous pas, puisque les semblables s'attirent, récolter l'amour en retour de celui que vous donnez?

Vous avez entendu ces paroles horribles: «Je vais lui faire voir de quel bois je me chauffe, même si je dois y laisser ma peau.» Elles blessent profondément l'auteur d'une manière plus certaine que le destinataire.

Nous désirons tous être aimés, même les animaux; on se sent tellement bien sous les rayons de l'amour, surtout quand le sentiment est réciproque. Regardez un peu autour de vous la multitude de gens assoiffés d'amour, et vous conclurez avec moi qu'il est une force puissante et créatrice dans la vie des individus. Des savants se sont penchés sur les plantes, donnant de l'amour à certaines et prodiguant du dédain à d'autres. Les *bien-aimées* se sont épanouies tandis que les *mal-aimées* se sont étiolées. Pourtant, toutes bénéficiaient des mêmes soins extérieurs.

Un vieil adage répète: *Vous pouvez aimer une personne à mort;* mais je mettrais l'amour à l'épreuve contre la haine n'importe quand. Éliminez la haine de votre vie si vous voulez atteindre et conserver une bonne santé!

Votre esprit peut vous guérir

Dans notre for intérieur se cache une force de guérison qui, proprement dirigée, peut opérer des merveilles. J'ai appris à m'en servir et je puis me porter garant de son efficacité.

Je compte parmi mes bons amis le professeur Frederick Bailes, directeur de L'Église de la Science de l'Esprit, de Los Angeles. Tous les dimanches, au théâtre Fox-Wilshire, il dirige un office de guérison. Cet office comporte une période de méditation tellement extraordinaire qu'elle vaut la peine qu'on traverse le pays pour y participer. Une foule de 2 500 personnes réfléchit dans le plus profond silence, suppliant leur force intérieure de se manifester. Chacun crée en son esprit sa propre image, découvre les défauts à corriger. Les résultats sont toujours renversants car le professeur Bailes vit ce qu'il prêche. Il a contribué à sa propre guérison et il peut aider les autres à faire de même. Je lui ai demandé de m'expliquer sa méthode afin de vous en faire profiter.

Voici succintement ce qu'il m'a répondu:

> En 1915, je terminais ma période d'apprentissage à l'école missionnaire de médecine de Londres, affiliée à l'hôpital homéopathique de cette ville. Je me préparais alors à devenir médecin missionnaire en Bolivie. Un mois avant ma graduation, je tombai malade. Les tests en laboratoire révélèrent que je souffrais de diabète, maladie fatale à l'époque, particulièrement chez une jeune personne. Les meilleurs médecins de Harley Street ne me donnèrent qu'un an ou deux de survie.

À cette époque, étant imprégné de la médecine, j'aurais eu recours à un traitement médical; mais cela se passait cinq ans avant la découverte de l'insuline par le docteur Banting et il n'existait donc aucun remède à mon mal.

Deux des médecins qui me visitèrent avaient commencé à se poser des questions sur l'action de l'esprit sur la matière. Nous avions déjà fait des expériences sur des patients externes à qui nous avions administré des placebos, comprimés inoffensifs ressemblant au remède lui-même. En plusieurs occasions, nous avions constaté que les placebos avaient produit des effets identiques à ceux du médicament indiqué. Par exemple, nous demandions à un patient de prendre trois comprimés chaque jour durant sept jours, priant le préposé au dispensaire de lui remettre seulement quinze comprimés de placebos. Très souvent, le patient nous revenait au bout de cinq jours affirmant s'être senti revigoré jusqu'au jeudi, mais que les souffrances avaient reparu une fois l'ordonnance épuisée. Puisque quelques-uns de ces patients souffraient de malaises très sérieux et puisque j'avais vu d'autres patients sous hypnose être libérés de douleurs intenses sans le secours de la morphine, je décidai qu'il existait une sorte de technique mentale pouvant opérer sur moi également, surtout si je tentais l'expérience les yeux bien ouverts, parfaitement conscient et sans recourir aux placebos. Je passai à l'action!

Sachant que mes cellules se renouvelaient constamment, je me mis en tête de les persuader qu'elles étaient saines, bien constituées, actives dans le vrai sens du mot, et de féliciter mon corps de sa coopération avec les nouvelles cellules à mesure qu'elles se présentaient.

Par bonheur, je connaissais très bien la structure du pancréas pour en avoir disséqué plusieurs au cours de mes études. J'aurais pu tracer de mémoire les îlots de Langerhans, le laboratoire du corps humain où se forme l'insuline. Je me mis littéralement à lui parler, le persuadant qu'il voulait travailler pour moi, qu'il n'aimait pas faire la grève de l'insuline, que quelque chose dans mon attitude mentale antérieure l'avait détourner de sa tâche véritable mais que, à partir de maintenant, je lui accordais mon entière collaboration.

On peut me demander: «Mais avez-vous vraiment parlé à votre pancréas? Avez-vous cru sincèrement qu'il allait vous écouter?» Bien sûr que non. Cela ne s'est pas passé ainsi. Le fait de créer l'image de ce que je désirais fut suffisant. Je n'en étais qu'aux balbutiements en métaphysique et je ne connaissais rien des techniques. J'étais seul dans ce nouveau monde spirituel et je ne pouvais concevoir un autre moyen de m'aider à restaurer le flot d'insuline nécessaire à ma survie.

J'étais *certain* d'une chose: *Une image mentale* peut opérer des changements en notre corps. J'en avais vu la confirmation à l'hôpital. Je me rendais à l'évidence que notre univers en est un de *pensée pure.* Je n'étais pas au courant alors des expériences entreprises par les astro-physiciens Eddington et Jeans qui arrivèrent à la conclusion que l'univers n'est qu'une immense pensée enveloppée de matière. Je croyais fermement que chaque cellule nouvelle allait être imprégnée de ma pensée optimiste et je me servis de tous les mots de mon vocabulaire pour m'en convaincre.

À l'hôpital, les expériences avaient démontré que l'état d'esprit et les croyances affectaient vraiment le corps et son comportement. Mais, à ma connaissance, personne n'avait encore été guéri d'une affection aussi pernicieuse que le *diabète.* Cependant, lorsque la mort pointe à l'horizon, on se sent prêt à tenter n'importe quoi pour en retarder l'avènement.

Je savais pertinemment bien que rien ne se produit dans l'univers sans un mouvement préalable de l'intelligence. L'activité mentale précède toujours l'action. L'univers est ce que Jeans appelle *la forme condensée de la pensée du grand Mathématicien.* Le corps humain pourrait très bien représenter pour l'homme ce qu'est l'univers pour le *Mathématicien éternel,* soit la reproduction de sa pensée. Toute idée étant donc créatrice, la nature et les conditions de ce qui est créé dépendent de la nature et des conditions de la pensée. Je sentais que j'étais sur le bon chemin, j'agissais logiquement en tentant de pousser mon pouvoir créateur à agir vers l'obtention d'un *fonctionnement parfait.*

Durant peut-être huit ou dix semaines, je ne vis aucun changement. Mais, je persistai. Un jour, les tests démontrèrent que le taux de sucre avait légèrement baissé et, la semaine suivante, la descente amorcée s'accentua. Malheureusement, je n'ai pas noté tous ces faits, c'est pourquoi il se peut que les périodes de temps entre les fluctuations ne soient pas exactes à la virgule. Je me souviens très bien cependant que le taux de sucre continua à décliner pendant plusieurs semaines. Puis, sans raison apparente, il remonta. Ce fut un peu décourageant mais je persévérai dans ma technique de suggestions positives et le sucre baissa de nouveau. Cette alternance de descente et de remontée du sucre persista durant près de six ans au cours desquels je sentais de plus en plus que j'avais le contrôle sur la maladie.

Le fait que le taux de sucre, à chaque remontée, se révélait toujours inférieur au précédent décupla mon courage et ma détermination. Un jour enfin, le sucre était tombé si bas qu'aux analyses en laboratoire, on n'en trouva plus qu'une mince trace. «Sucre, disait le rapport, un soupçon». Mais cette trace se maintint pendant environ huit mois avant que les expertises n'indiquent: «Sucre, néant». Je crois que ce jour-là fut le plus beau de ma vie. Il va sans dire que, durant plusieurs mois encore, je réduisis les hydrates de carbone de mon régime.

Graduellement, je me fis à l'idée que mon cauchemar était bien fini; grâce à cette expérience, j'avais appris à compter sur ma force intérieure spirituelle de sorte que jamais plus je ne me laisserai dominer par cette maladie.

Depuis trente ans maintenant, je me suis empiffré de féculents et de sucreries et je n'ai jamais eu besoin d'une seule goutte d'insuline. Mon énergie et ma vitalité dépassent celles de la plupart des hommes de mon âge et rien ne me fait plus chaud au coeur que de pouvoir enseigner aux autres, partager mon interprétation du principe créateur qui m'a arraché au spectre de la mort.

N'est-ce pas excitant? Vous possédez le même pouvoir créateur que le professeur Bailes. Il attend simplement que vous lui fassiez signe pour passer à l'action et produire des résultats aussi mirobolants. Il vous suffit de l'appeler à votre aide, de vous en servir, de le diriger, de fortifier votre volonté, votre esprit de détermination, de croire, d'avoir confiance.

Si vous le croyez, c'est vrai

Relisez attentivement les propos du professeur Bailes et demandez-vous comment vous pouvez les faire entrer dans votre propre vie.

N'allez surtout pas croire que la lumière jaillira spontanément. Souvenez-vous de cette vérité: *un bébé doit pouvoir ramper avant de marcher.* Si vous êtes diabétique, ne sautez pas à la conclusion que vous êtes guéri du simple fait que vous le vouliez sincèrement. Commencez par préparer votre esprit en le libérant de toutes pensées défaitistes, de tous soucis, de tous tracas. Établissez le contact avec votre force intérieure, votre force curative. Faites-en l'expérience dans de petites choses. Remarquez comme votre corps réagit, comme votre santé s'améliore, lorsque vous nagez dans la joie, que vous entretenez des pensées heureuses et adoptez une attitude mentale confiante. À mesure que vous débarrasserez votre subconscient des attitudes négatives, vous constaterez une transformation dans votre santé. Alors, vous pourrez goûter les bienfaits de ce pouvoir extraordinaire tout comme l'a fait le professeur Bailes. Avec votre médecin, notez vos progrès. Tous les médecins acceptent aujourd'hui le fait que l'esprit joue un grand rôle dans la guérison d'un patient. Ils savent que la foi est une force curative et qu'une fois les deux malfaiteurs disparus (la peur et l'inquiétude), la confiance s'installe et la guérison est proche.

N'abandonnez JAMAIS la partie! Conservez toujours l'espoir! Si les médecins ont prononcé une sentence de mort, placez toute votre confiance en cette force curative intérieure que Dieu vous a donnée. Dans ces circonstances, il se peut que vous redonniez tellement de vitalité à vos nouvelles cellules par vos pensées positives qu'une guérison en résultera. Cela s'est produit pour des milliers de personnes qu'on avait déclarées incurables; et ce qu'elles ont pu faire, vous le pouvez aussi.

Nous commençons maintenant à comprendre la *puissance* de cette force intérieure curative, non pas seulement dans ses effets bénéfiques sur nous, mais aussi sur les autres personnes, et même nos animaux domestiques. Eh oui, tout ce qui est doué d'une certaine intelligence peut recevoir des impressions d'un autre esprit. Vous éprouvez une grande affection pour un parent, mais vous aimez également d'une autre façon un chien, un cheval, un chat. Ces sentiments sont souvent réciproques. Vous pouvez ressentir l'affection que l'on vous porte si vous vivez en harmonie avec ceux qui vous entourent.

Guérison renversante

À l'appui de ce que j'avance, je vais vous raconter l'histoire incroyable mais authentique de la façon dont Ann Davies, une autre de mes amis qui se sert de sa force intérieure curative, a réussi à guérir instantanément son chien Tzaddi.

Son histoire est appuyée par des affidavits signés du vétérinaire et par cinq témoins du phénomène. Je vous la cite:

> Il y a un peu plus de deux ans, je découvris une petite excroissance de la grosseur d'un pois dans la gueule de mon chien Tzaddi. J'ai pensé qu'il s'agissait d'une verrue et, comme elle ne paraissait pas l'ennuyer, je ne me suis pas dérangée. Cepen-

dant, de temps à autre, j'examinais sa gueule et je remarquai, il y a un an environ, que l'excroissance avait grossi.

En juin 1952, la polype grossit rapidement et j'en fus alarmée. Je conduisis donc Tzaddi chez le vétérinaire qui diagnostiqua une tumeur, toujours sérieuse dans la gueule d'un animal car elle devient presque toujours maligne; il me conseilla l'intervention chirurgicale immédiate.

En raison de circonstances absolument incontrôlables, je ne pus ramener Tzaddi chez le vétérinaire que le 4 septembre de la même année. À ce moment-là, la tumeur était aussi grosse que mon pouce. Tzaddi semblait mal en point, même mes amis l'avait remarqué.

Le docteur Short me dit qu'il fallait procéder sans tarder à l'ablation et il me fixa un rendez-vous pour le 6 septembre, à huit heures du matin.

Le soir du 5 septembre, je me couchai très tard. En fait, il était deux heures du matin lorsque je me retirai dans ma chambre après avoir donné à Tzaddi son biscuit du soir qu'elle eut toutes les peines du monde à mastiquer; j'avais vu sa tumeur. Avant de m'endormir, j'avais l'habitude de prier pour la guérison de différentes personnes que je connaissais. Il me vint soudain à l'idée que je pouvais également prier pour Tzaddi. Et pourquoi pas? Et je m'endormis ensuite.

Mon réveille-matin me réveilla à sept heures. Je m'habillai rapidement et prit le chemin de l'hôpital vétérinaire avec Tzaddi. Pendant que j'attendais mon

> tour, je me souvins de mes prières de la veille et je regardai dans la gueule de mon chien. *La tumeur avait disparu.* Pourtant, je l'avais bien vue là six heures auparavant. Je ne pouvais même pas repérer l'endroit où elle se trouvait: les tissus étaient maintenant roses et lisses tout comme le reste des gencives et du palais.
>
> Le docteur arriva sur l'entrefaite et constata le miracle. Je jubilais. Inutile d'ajouter que je retournai à la maison remplie de reconnaissance à cette *Force de Vie* qui avait épargné à mon chien une intervention chirurgicale douloureuse ou peut-être pire encore.

Voilà comment Ann Davies raconte ce miracle. J'ai en ma possession un affidavit portant la signature du vétérinaire traitant, le docteur R. W. Short, et un autre signé de cinq amis, témoins de cet événement fantastique. Je connais personnellement deux d'entre eux: Felix V. Frazer et le docteur Paul Foster Case. Les trois autres témoins sont Rosalie Gordon, Thelma Herkelrath et Bonnie Davies.

Ne dites JAMAIS qu'une chose est *impossible!* Rayez ce mot de votre vocabulaire. Il n'a plus sa place devant des cas comme celui-ci et tant d'autres dont je fus témoin ou dont j'ai entendu parler. Le pouvoir de l'esprit est *illimité!*

D'une façon que nous ne pouvons pas encore comprendre, l'image qu'Ann Davies se faisait de la gueule de son chien a dû atteindre la puissance créatrice de la conscience de son favori qui se mit aussitôt au travail pour réparer le dommage.

Des faits semblables ouvrent à la science des avenues encore inexplorées. Est-il possible, parce qu'un animal n'a pas appris à parler, n'a pas l'esprit rempli de mots parés de significations précises, qu'il puisse réagir plus rapidement et plus efficacement qu'un humain?

Souvenez-vous de ce que je vous disais: nous ne pensons pas en mots, nous pensons en images. Le langage universel, c'est le *sentiment* car le sentiment peut être communiqué sans paroles... il est extra-sensoriel.

Il s'est certainement produit *quelque chose* de défini chez le petit chien, en réponse à l'image créée par Ann Davies. Ce qui s'est produit une fois peut se produire encore quand l'influence de la force créatrice est comprise et appliquée sur les humains aussi bien que sur les animaux.

De fait, je crois que l'homme entretient des liens étroits avec toutes les formes de vie, n'en étant séparé que par son corps. Un jour, l'homme réussira à communiquer avec toutes les formes de vie sur terre, d'une façon cohérente, par le sentiment plutôt que par la parole.

Qui sait? Il est possible que la puissance de l'amour unie au pouvoir créateur ait provoqué la guérison. L'intelligence agit par la matière et sur la matière, mais *elle n'est pas matière.* C'est peut-être là l'explication. L'esprit est le grand maître et, lorsqu'il prend la direction, tout ce qui semble matériel se transforme suivant les directives. Nous voilà donc revenus à l'aimant et aux brindilles d'acier!

Le chapitre que vous venez de lire contient une véritable mine d'or de santé. Commencez-en l'exploitation immédiatement.

16

Suggestions mentales pouvant influencer les gens

Toute votre vie, vous avez entendu parler de la puissance de la suggestion: vous savez combien il est facile de rendre une personne vraiment malade simplement en insistant sur son apparence chétive. De plus, si l'on s'y met à plusieurs, il n'y a alors plus aucun espoir pour le pauvre être ainsi assiégé. Il devient littéralement malade.

À force de ruminer ses méfaits passés, le criminel en arrive souvent à un aveu volontaire. En ma qualité de journaliste, j'ai assisté à de nombreuses séances où l'on grillait un prévenu en le soumettant à ce que l'on peut appeler un interrogatoire. J'ai été témoin du désarroi d'un pauvre diable mitraillé de questions par des procureurs ou des détectives. Il suait à grosses gouttes, en proie à une nervosité pénible à regarder, il ne savait plus où donner de la tête. La répétition, le harcellement provoquent toujours les aveux grâce au pouvoir de la suggestion.

La suggestion est l'arme favorite d'un bon représentant de commerce. Il écoulera son produit s'il parvient à faire passer sa conviction dans l'esprit d'un acheteur éventuel. Si vous croyez sincèrement à la valeur de l'objet que vous voulez vendre, vous arriverez à persuader votre client.

Le gros bon sens le veut ainsi; aux vendeurs, je répète qu'il s'agit de bien connaître son produit et de posséder l'art de la persuasion. Ces deux conditions représentent 99 pour cent de la réussite, le un pour cent qui reste représente les démarches à entreprendre pour contacter un client.

Influencer les autres se résume à les amener à penser comme nous, ce qui est relativement facile. Du moins, il en paraît toujours ainsi lorsqu'on connaît la bonne manière de le faire.

Elmer Gowing, de Marion en Indiana, pouvait vendre n'importe quoi. Sans considération du produit ou de l'idée à faire passer, il y parvenait toujours. Par exemple, un organisme de bienfaisance tentait de mettre sur pied une campagne de souscription qui paraissait vouée à l'échec parce que ses membres semblaient impuissants à lui faire passer la rampe auprès du public.

«Appelons Elmer», proposait l'un deux. Elmer Gowing, un homme jovial d'âge moyen, maigre, élancé et d'apparence bien ordinaire, écoutait attentivement les mérites de la cause et repartait en demandant innocemment: «C'est tout? Pourquoi ne pas me demander quelque chose de plus difficile?» Il disparaissait alors pour reparaître quelques heures plus tard accompagné de commanditaires en nombre suffisant pour atteindre l'objectif fixé. Comment s'y était-il pris? C'était son secret.

Un jour, la Chambre de Commerce des Jeunes préparait un spectacle d'amateurs. Tout fonctionnait de travers: billets imprimés à la dernière minute, publicité locale des plus moches avec les résultats qu'à la veille de la représentation, très peu de billets avaient été vendus.

C'est alors que le président eut recours à notre ami Elmer. «Il n'y a que lui pour nous sortir de là, mais je me demande s'il pourra réussir en si peu de temps.»

Puissance de la suggestion

On remit donc à Elmer cinq cents billets à un dollar chacun en lui demandant s'il pouvait les vendre avant le lendemain soir.

Elmer contempla le paquet, fixa un point dans l'espace, réfléchit pendant un moment, puis: «Je peux y arriver s'il m'est possible de m'absenter de mon bureau jusqu'à demain soir.» Le patron de sa compagnie d'assurances lui donna son consentement. Le lendemain, à quatre heures et demie, Elmer revint les poches gonflées de billets de banque et de chèques. Il sourit, espiègle, et dit: «Il me semble que vous jouerez à guichets fermés ce soir. Tous les billets sont vendus et j'aurais pu en passer davantage!»

C'en était trop! Il me fallait absolument connaître le secret de la réussite d'un tel phénomène. Je l'invitai donc à dîner avec moi, lui offrant le meilleur repas en ville contre l'explication de son formidable secret.

«C'est tellement simple», de répondre Elmer en riant. «Je n'ai pas besoin d'être payé pour vous le dire, mais je suis tellement gourmand.»

Le dîner terminé, je regardai Elmer avec un air d'attente. «Bon, Elmer! J'ai tenu mon bout de l'engagement. À votre tour, maintenant!»

Au lieu de me répondre, Elmer se contenta de jouer avec son couteau. Il le ramassa soudain et se mit à l'observer attentivement.

«Tiens,» dit-il, «je n'avais jamais remarqué la belle qualité de ce couteau! C'est très inhabituel dans un hôtel. Je puis me tromper mais je crois que c'est du Gorham, et du très beau. Je me demande si l'hôtel se l'est procuré à un encan. J'en toucherai un mot au gérant à la première occasion.» Il me tendit le couteau. «Voyez comme il est léger, c'est de l'argent sterling authentique... d'une grande valeur.»

Quelque peu ennuyé, je pris le couteau et l'examinai pour la forme; j'avais bien hâte que mon convive passe aux confidences.

«Vous savez, si je pouvais me procurer un service d'argenterie de cette qualité, je me laisserais probablement tenter. Qu'en pensez-vous?» me dit Elmer.

«Il est très attrayant... léger comme vous dites... joli motif... je suis moi-même surpris que l'hôtel ait des ustensiles de cette valeur», dis-je.

«N'aimeriez-vous pas posséder un service comme celui-ci», de reprendre Elmer, «...si le prix vous convenait, naturellement?»

«Je suppose que oui», dis-je sans réfléchir davantage.

Elmer me tendit alors la main et fit: «Je vais vous vendre ce couteau. Donnez-m'en vingt-cinq sous.»

Instinctivement, je fis le geste de mettre la main à ma poche pour en sortir l'argent. Je m'arrêtai net. Elmer venait de me passer son message sans utiliser de longues explications. Il m'avait manoeuvré si adroitement, avait piqué ma curiosité de telle façon que lorsqu'il me demanda l'argent, je me suis senti poussé à le lui donner pour un objet qui ne lui appartenait même pas.

«Voilà mon secret! dit-il en souriant. Amenez votre client éventuel à accepter votre produit ou votre proposition; placez-le dans ses mains si possible, faites-le-lui admirer, poussez-le à penser comme vous, et souvenez-vous que *le désir de possession fait les neuf dixièmes de votre succès.* Une fois que l'esprit de l'individu *a accepté* le produit ou l'idée, et qu'il l'a entre les mains, il ne pourra se résoudre à lâcher prise. Il lui sera plus difficile de vous le rendre que de plonger la main dans sa poche pour en payer le prix.»

Je puis me porter garant de cette affirmation qui dit que l'on n'aime pas rendre ce que l'on est persuadé de vouloir. Cela va vous paraître ridicule mais je me sentais encore poussé à donner l'argent plutôt que le couteau à Elmer. Pourtant, je savais très bien qu'il était la propriété de l'hôtel. Je venais d'être témoin et victime de l'art de la vente à son énième degré.

Ceux d'entre vous qui sont vendeurs ou qui possèdent un commerce, peuvent augmenter leurs profits s'ils pensent dans le bon sens. On répète à tout venant que les affaires sont mauvaises, que les temps sont durs et d'autres affirmations gratuites de cette nature. Si vous acceptez ces déclarations, vos affaires en prendront pour leur rhume, elles péricliteront à coup sûr. Si, de surcroît, vous adoptez une attitude défaitiste et affichez un air morne et des yeux de chien battu, vous vous enliserez davantage. Vous entraînerez vos partenaires et vos amis à votre suite, surtout si vous vous obstinez à répéter ces dires. Vous ajoutez aux dommages que vous vous causez à vous-même ainsi qu'à ceux qui vous entourent.

Vous émettez des vibrations défaitistes qui peuvent se répandre très loin; elles sont terriblement contagieuses et se propagent à la vitesse de l'éclair. Au contraire, si vous orientez vos pensées vers des suggestions constructives, positives, vos affaires prendront un virage vers la droite. Vous verrez vos ventes augmenter et vos profits s'accumuler parce que votre enthousiasme et votre énergie en seront décuplés.

Alimentez le feu de l'enthousiasme

N'oubliez jamais que votre enthousiasme est une centrale thermique qui agit sur tout ce qui se trouve sur votre longueur d'ondes. Les vibrations que vous émettez poussent les autres à l'action, influencent heureusement la tournure de vos affaires, vous en attirent même, tout comme la peur qui repousse et détruit.

Voici une vérité irréfutable: la chance sourit à l'homme qui *y croit* de toutes les forces de son être et qui la recherche. Elle se détourne des sceptiques et des indolents.

La suggestion est une des plus grandes forces du monde. Elle a des répercussions positives ou négatives selon le genre de pensées que l'on nourrit.

Si vous entretenez des pensées constructives, la suggestion vous épaulera. Maintenant que vous connaissez les possibilités de cette force intérieure, *faites halte* sitôt que vous avez tendance à nourrir des idées défaitistes. Rendez-vous compte immédiatement du tort que vous vous faites en alimentant des idées de ce genre. Hâtez-vous de les remplacer par des pensées constructives. *Représentez-vous* vainqueur de telle difficulté, auteur d'un travail mieux accompli, artisan d'un rendement supérieur le lendemain. Souvenez-vous que votre force créative agit selon les suggestions que vous lui faites. Un constructeur bâtit selon des plans précis. Il peut y avoir des failles dans les plans; s'il n'en sait rien, il suivra les indications données mais ces failles seront en évidence dans le produit fini. À moins que vous ne découvriez vos irrégularités, vous récolterez ce que vous aurez semé. Passez ces suggestions à vos amis et associés et, s'ils les acceptent, ils vous aideront à atteindre le but que vous vous êtes fixé.

Votre influence sur vos enfants

Les enfants sont souvent la cible des suggestions défaitistes des parents ou des adultes qu'ils côtoient. Ils s'entendent souvent répéter:

«Habille-toi plus chaudement... tu vas attraper ton coup de mort.»

«Attention! Tu vas te faire frapper!»

«N'y touche pas... Tu vas le briser!»

«Je le savais que tu ferais cela! Ne pourrais-tu pas faire attention?»

«Ne rentre pas trop tard, il pourrait t'arriver malheur.»

«Ne va pas près de la rivière... tu pourrais te noyer.»

«Tu n'es pas capable, laisse-moi faire!»

«Pour l'amour du ciel, tais-toi! Tu ne connais rien à rien.»

«Naturellement que je n'ai pas confiance en toi.»

«Si tu n'arrêtes pas, je vais appeler la police.»

«Tu ne devrais pas poser de telles questions, tu n'es pas assez grand pour connaître les réponses.»

«Bon, tu as recommencé. Je savais bien que cela ne pouvait pas durer.»

«Va-t-en! Disparais, vaurien! Je me demande pourquoi on t'a mis au monde.»

«Petit insolent! Tu me fais tellement enrager que je te tuerais!»

Vous avez entendu ces exclamations maintes et maintes fois, et vous êtes probablement surpris que des enfants soumis à un tel traitement ne deviennent pas tous des délinquants.

La meilleure suggestion me vient d'un journal d'Arkansas, la *Gazette.* On y relate qu'une mère, dans un autobus de Little Rock, tentait de donner le sein à son bébé. Comme celui-ci s'obstinait à le refuser, au comble de l'exaspération, elle s'écria: «Si tu persistes à le refuser, je le donnerai au chauffeur.»

Je ne doute pas que des parents puissent être poussées à bout par leurs enfants et qu'ils doivent parfois recourir à des arguments frappants pour se faire obéir. Mais il n'est pas à conseiller d'employer la peur ou les menaces. Lorsque les parents se conduisent de la sorte, ils ne font qu'alimenter la révolte et le mauvais comportement chez leurs enfants car ils leur renotent sans cesse leurs fautes et leurs méfaits. À cause de ça, les enfants répéteront les gaffes que les adultes s'acharnent à leur reprocher.

Un enfant gauche ou lent possède déjà un sérieux handicap. Passez le clair de votre temps à lui répéter qu'il n'est pas intelligent, il le croira et, au lieu de s'améliorer, il dégénérera. Voilà la sorte d'enfants à qui il faut suggérer des pensées constructives, encourageantes, des plus positives.

Des professeurs se sont rendu compte des effets bénéfiques de cette attitude positive et on en voit de plus en plus qui se donnent la peine de prendre les petits à part pour leur répéter: «Ça va beaucoup mieux.» Comme des plantes qui ont manqué de nourriture et d'eau, en peu de temps, ils réagissent aux bons traitements et vous les voyez s'épanouir sous cette rosée bienfaisante. Essayez cette méthode, renforcez-la d'amour et voyez les miracles se produire.

Au cours d'expériences d'hypnotisme, on a réussi à démontrer le pouvoir de la suggestion de plusieurs manières. Une fois les résistances extérieures disparues et le subconscient rejoint, celui-ci répondra immédiatement à toute impulsion qui lui sera donnée pourvu qu'elle s'accorde avec sa tournure d'esprit. Quand les suggestions lui répugnent, le sujet refuse de répondre ou sort instantanément de son sommeil hypnotique. Avant que l'individu ne se décide à obéir aux suggestions, il faudra avoir recours à une foule d'idées constructives pour le forcer à changer ses habitudes. Ceci indique clairement que vous ne pouvez pas transformer votre manière d'agir avant de changer la façon de penser de votre esprit, que ce que vous êtes devenu depuis votre naissance, par l'expérience et la pensée, vous le resterez jusqu'à ce que quelque chose vienne altérer votre façon de voir.

La suggestion opère durant le sommeil

Les psychologues s'aperçoivent que des gens, jeunes et vieux, peuvent vaincre leurs défauts, changer leurs habitudes, chasser leurs inhibitions, leurs complexes, s'ils sont soumis à des propos suggestifs durant leur sommeil. Le subconscient n'étant pas assujetti aux lois de la nature, il ne dort jamais, souvenez-vous. Il est constamment à l'écoute de tout ce qui se passe autour de nous. Très souvent, lorsque nous sommes en proie à des troubles émotifs ou mentaux, et que nous désirons les maîtriser, nous nous retrouvons dans l'impossibilité de le faire à l'état de veille. Si nous avons la grande chance d'être aimés, cette personne peut, lorsque nous sommeillons, nous suggérer la certitude que nous *allons surmonter* nos difficultés. Ces pensées s'imprégneront dans notre subconscient et nous aideront ensuite à adopter une attitude plus positive face aux obstacles qui se dressent sous nos pas.

La vie est un ensemble de suggestions. Constamment, nous acceptons ou rejetons chacune de nos expériences. Dans le premier cas, notre esprit mobilise tous nos moyens, selon la nature de la suggestion, pour le meilleur ou pour le pire.

Vos paroles et vos actes, la façon dont vous exprimez votre personnalité ont un effet bénéfique ou maléfique sur ceux que vous côtoyez, et vice versa. Une personnalité très positive dominera plus facilement des esprits moins positifs et prendra la tête du peloton. Les négativistes sont attirés vers les gens positifs parce qu'ils ont instinctivement besoin de s'appuyer sur plus fort qu'eux; ils se sentent plus en sécurité en leur compagnie. S'ils sont alors vraiment animés du désir de s'améliorer, ils savent qu'ils y parviendront plus facilement en côtoyant des gens positifs.

N'allez pas maintenant partir en peur et travailler avec acharnement à devenir positif simplement pour le plaisir. Je ne vous suggère pas ici de commencer à éparpiller votre pouvoir positif à droite et à gauche. La personne bien équilibrée en tout en impose par sa dignité, sa confiance, son charisme, sa facilité d'expression et l'intérêt amical qu'elle porte à ses semblables. La manifestation du pouvoir positif est calme. Son influence s'exerce à la façon d'une boîte de vitesse bien lubrifiée. Vous ne vous apercevrez presque pas de son opération, de ses changements souples jusqu'à la vitesse de croisière. Les personnes qui tentent de dominer par la force utilisent mal ce pouvoir et révèlent certains défauts de leur personnalité. Ces gens essaient de camoufler des imperfections et des complexes d'infériorité et tâchent d'attirer l'attention par une façade de puissance. Ils peuvent y arriver mais leur succès sera de courte durée, vous pouvez m'en croire.

Voyez-vous comme vous voulez être!

Contemplez votre image dans la glace. Prenez votre mesure. Êtes-vous la personne que vous désirez être? Sinon, il est temps d'agir, passez à l'attaque! Esquissez, dans votre pensée, votre portrait tel que vous le rêvez. *Superposez* cette image sur celle que vous voyez dans le miroir. Représentez-vous les changements, les améliorations que vous devez apporter comme s'ils étaient déjà faits. Répétez le même manège jour après jour, soir après soir. Travaillez-y! Rappelez-vous le pouvoir de la répétition... Répétez! Répétez! Répétez!

Si les autres vous critiquent et doutent que vous puissiez réussir, ne les laissez pas vous influencer. Analysez vos actions, vos pensées pour voir si leurs critiques sont fondées. Dans l'affirmation, repoussez avec énergie le ressentiment que vous avez pu éprouvé lorsqu'on vous a fait remarquer telle déficience; soyez plutôt heureux que ces défauts aient été portés à votre attention et mettez-vous à la tâche afin de les faire disparaître de sorte qu'il ne restera plus aucun obstacle à votre ascension. Mais, continuez à croire en vos possibilités. Si vous perdez confiance, vous perdez tout. Tout succès, grand ou petit, commence par la foi en soi et en cette puissance créative intérieure. Vous la possédez et vous devez la conserver pour avancer d'où vous êtes jusqu'où vous voulez vous rendre!

Répétez-vous souvent: «Chaque jour, je vais m'améliorer et, à la longue, je réussirai à éliminer les défauts que je me découvre. Chaque jour, j'atteindrai une plus grande maîtrise de mes sentiments et de mes pensées. Chaque jour, je vaincrai mes peurs, mes ennuis et toute autre pensée destructrice. Chaque jour, j'acquerrai une santé plus florissante, une plus grande joie de vivre et une plus grande prospérité. Chaque jour, je trouverai des occasions d'aider mes semblables et d'accomplir des choses constructives. Chaque jour,...!»

Prenez votre départ ici, maintenant. Créez vos lendemains par vos *suggestions positives* appliquées à vous-même et à vos besoins.

17

Attention au mauvais usage du T.N.T.

La prudence est de rigueur dans le maniement des explosifs. Maintenant que tout est en place pour l'éclatement de cette force intérieure, le temps est venu de vous signaler les attitudes à *éviter* en rapport avec cette puissante charge de T.N.T. que vous transportez avec vous, sous votre chapeau.

Si vous utilisez mal cette force intérieure, vous attirerez toutes sortes de malheurs sur vous et sur ceux que vous aimez. Vous êtes une créature libre et vous pouvez choisir de faire servir cette puissance interne au bien ou au mal, mais vous le faites à vos risques et périls. Des gens ont couru à leur propre destruction et d'autres le feront à leur suite avant que l'homme ne comprenne et maîtrise finalement cette force explosive. Il est vraiment déplorable qu'il ait fallu tant de siècles à l'homme pour commencer seulement à saisir l'étendue de ses ressources et les bienfaits de cette puissance qui, utilisée à bon escient, aurait pu générer depuis si longtemps paix, bonheur, fortune, santé et toute chose bonne que l'homme ait jamais pu désirer.

De nos jours, les mauvaises pensées, les haines retenues, les rancoeurs, les frayeurs, les craintes accumulées et autres sentiments destructifs sont en voie de mener l'humanité inexorablement à un cataclysme inouï, à moins d'être miraculeusement désamorcés par une nouvelle compréhension de soi et des autres.

Vous pouvez brider les élans de cette force agissante pendant un certain temps, mais vient un moment où elle *doit* se manifester à l'extérieur, en bien ou en mal. Regardez autour de vous. Considérez le malaise général, les souffrances humaines et les privations que subissent plusieurs pays, les tensions économiques, les haines violentes, les préjugés raciaux ou autres, la flambée de mauvaise volonté, les guerres et les rumeurs de guerre, tous fruits de la pensée *destructrice* de l'homme.

Que faire pour remédier à cet état de choses? Comment mettre un frein à cette utilisation malheureuse de la force créatrice? Comment détourner le cours des événements porteurs de destruction de l'homme et de ceux qu'il aime?

Il faut agir! *Vous* devez agir! Pas la peine d'attendre que les autres passent à l'action. Ça doit commencer par *vous.* Chaque esprit qui utilise ce pouvoir agissant pour le bien apporte un élément positif à la pensée universelle. Vous pouvez exercer une profonde influence sur vos amis et vos compatriotes. Soyez réaliste dans votre approche sans être négatif.

Peu importe ce qui arrivera, vous pouvez vous assurer d'un puissant soutien dans vos orientations, en même temps que d'une protection pour vous-même grâce au bon usage de votre esprit ici et maintenant. En fait, il faudrait crier sur les toits les forces de l'esprit qui libèrent ou détruisent l'homme. Il faudrait aussi concevoir des programmes éducationnels dynamiques afin de faire comprendre à l'homme son emprise sur lui-même.

L'Histoire regorge d'exemples de personnes qui ont misé sur cette puissance intérieure et sont devenues rapidement des chefs de file. Lorsque certains cédèrent à la tentation de l'employer à des fins égoïstes, dans le but de profiter des autres, de les dominer, ils réussirent pour un temps, quelques-uns même au niveau mondial, mais ils connurent tous une fin tragique. Je ne vous nommerai que Jules César, Néron, Mussolini, Hitler, Staline, Lénine... Pensez à tous les maux dont ils ont affligé l'humanité, à la puissance dont ils jouirent un moment et aux effets néfastes de leurs actions, effets qui tardent à disparaître entièrement.

Soyez très prudent lorsque vous vous servez de cette force! Ne laissez pas votre égoïsme se rengorger devant les résultats obtenus.

Écoutez la voix de votre conscience. Demandez-vous, chaque fois que vous êtes sur le point d'utiliser votre T.N.T., si votre intention est bonne. L'employez-vous de façon à léser une autre personne ou à vous nuire à vous-même? Allez-vous trop vite en affaires, prenez-vous les bouchées doubles avant de vous sentir vraiment prêt à assumer les responsabilités, à faire face aux occasions et aux expériences qu'elle entraînera?

Progressez lentement mais sûrement!

Il est possible d'obtenir des triomphes éphémères, rapidement, trop rapidement. Votre force intérieure n'a pas l'habileté d'analyser ou de déterminer votre degré de préparation à un tel progrès. Tout ce qu'elle peut faire, c'est de vous fournir ce que vous lui demandez par l'image mentale que vous lui soumettez. Vous devez être le juge de votre aptitude à recevoir ce que vous demandez à votre force intérieure, ou alors, vous risquez de vous retrouver face à des situations dont vous n'êtes pas à la hauteur.

Vous vous connaissez certes mieux que quiconque et vous avez conscience de vos limites. Vous savez par exemple que, frais émoulu de l'université, vous devez acquérir une certaine expérience dans votre profession, que vous ne pouvez décemment pas débuter à la tête d'une entreprise ou d'une industrie. Vous savez également que le diplôme que vous détenez n'est pas le *Sésame* qui vous ouvrira toutes les portes. Cependant, j'ai rencontré un nombre effarant de personnes dont les déboires ne se comptent plus dans l'exercice de leur profession, de leur métier: elles s'étaient lancées en affaires croyant que tout le monde devait les supporter en raison de leur degré de scolarité qui, d'après elles, les rendait automatiquement aptes à occuper les postes de commande et leur donnait droit à tous les égards. Elles se servirent de leur puissance intérieure, couplée de leur charisme personnel, pour se hisser aux fonctions les plus avantageuses. Leur barque s'est maintenue à flot pendant quelque temps, mais leur manque d'expérience les a fait sombrer inexorablement. Ces personnes ont ployé l'échine sous la tension, leur confiance en elles-mêmes s'est effritée. Elles virent alors des gens, moins diplômés mais possédant plus d'expérience, les devancer dans l'échelle du succès. Elles ne purent accepter cette réalité terrible, elles succombèrent à la jalousie, au dépit. Finalement, le doute s'installa à demeure. Qu'est-ce qui n'allait pas? Elles avaient tout ce qu'il fallait et pourtant, rien ne semblait vouloir fonctionner devant la dure réalité de la vie. Peut-être devaient-elles jeter le blâme sur leur éducation même: il est possible que l'on inculque aux étudiants un sentiment surfait, exagéré de leur importance qui les pousse à espérer trop au début de leur vie professionnelle.

Apprenez à vous connaître. Sachez où vous allez, soyez honnête, prenez conscience de vos limites. Représentez-vous au travail, tentant d'obtenir ce que vous désirez. Ne visez pas au-delà de vos capacités. Si vous ne brûlez pas les étapes, votre force intérieure vous supportera en vous fournissant tout ce dont vous aurez besoin en plus de vos efforts pour gravir, échelon par échelon, l'échelle du succès et du bonheur.

Gare à l'égocentrisme!

Lorsque l'on découvre cette force intérieure, on est souvent tenté de la faire servir à des fins égoïstes. Elle réagit à toutes les impulsions que vous lui donnez, que le motif soit louable ou non. Vous concevez le dessein de profiter de telle personne, vous y travaillez, et vous pouvez très bien réussir si la personne concernée ne s'aperçoit pas de votre manège assez rapidement. Mais, attention! En formant ce dessein, vous avez créé une susceptibilité, une vibration dans votre conscience qui pourrait attirer sur vous le même malheur.

En manipulant votre esprit de la sorte, vous vous exposez à être pris à votre propre piège. Vous pourriez très bien écoper de ce que vous tentez de passer aux autres car ce qui vous appartient vous revient toujours.

Voulez-vous consacrer vos efforts à obtenir ce que vous désirez de la vie? Les succès dont vous bénéficiez sans efforts, sans mérite de votre part, s'envolent comme fumée au vent. C'est que vous avez manqué de souffle, votre force magnétique n'a pas reçu l'appui nécessaire, peu de facteurs ont milité autour de ces choses qui vous sont venues sans peine. Prenez garde! Quelqu'un d'autre utilisant une force contraire à la vôtre pourra vous dérober votre bien.

Les semblables s'attirent, vous vous souvenez? *Ne faites pas aux autres ce que vous ne voudriez pas que l'on vous fît à vous-même!* Voilà un bien vieux dicton, mais une parole qui pourrait être le commencement de la sagesse. Vous ne pouvez échapper à vos pensées. La loi de la compensation se charge de vous le rappeler.

Jusqu'ici, un nombre infime d'êtres humains ont trouvé la recette réelle de l'utilisation de ce T.N.T. intérieur. Cependant, chaque fois qu'ils y ont eu recours, ils en ont recueilli des dividendes fantastiques: bonheur, réussite, prospérité, renommée; et le degré de ces bénéfices se mesurait toujours au degré d'usage de leur force intérieure. Il en sera toujours ainsi. Si vous ouvrez un robinet de moitié, vous obtiendrez la moitié du volume d'eau. Laissez agir seulement une partie de cette force intérieure et vous obtiendrez seulement une partie des résultats qu'elle pourrait vous apporter.

Des chefs qui s'amusent à mettre le feu aux poudres en alimentant les haines, les susceptibilités, les rancoeurs dans les masses, peuvent causer des dommages inouïs: tels les Genghis Khan, Napoléon, Guillaume II, Hitler. Il y aura toujours des suiveurs qui ne demandent qu'à être menés par ceux qui veulent bien le faire... dans la bonne direction. L'humanité, comme vous le savez, a la fâcheuse réputation de crucifier ses sauveurs.

C'est le temps d'agir... dans le bon sens!

Le moment est venu pour l'homme de reconnaître et d'accepter, sans égard pour les religions ou les philosophies, les races ou les couleurs, le pouvoir spirituel présent au-dedans de chacun de nous. Ce pouvoir bien dirigé peut apporter *à l'homme* paix, bonheur, fortune et ce bel esprit fraternel qu'il a toujours recherché.

Ce pouvoir est *ici,* au-dedans de vous, sous les yeux de votre esprit. Il fait partie intégrante de votre être tout comme il existait chez moi jadis avant que je ne m'éveille à sa présence, à sa puissance... il est à la portée de tous. C'est un trésor des plus précieux, la manne bénie, la sagesse, l'intelligence, la réponse à tous les problèmes; mais également, une malédiction des plus diaboliques lorsque employé à mauvais escient.

Ce T.N.T. est vôtre pour le meilleur et pour le pire. Maintenant que vous en êtes conscient, qu'allez-vous en faire?

La manière dont vous l'utiliserez peut changer l'aspect de toute votre vie et peut-être même la face du monde.

Mais attention: explosif dangereux! Utilisez avec sagesse et prudence.

«Ce que vous croyez, c'est vrai!» Mais *que* croyez-vous?

Vos croyances et celles des autres prépareront le monde de demain. Et le T.N.T. de ces croyances bercera la terre.

en esprit la route que je dois suivre advenant fin de pouvoir me retrouver dans le noir, si fois cette vérification accomplie, il m'a fallu utes tout au plus, je la passe à mon subcon- qu'en cas d'incendie, il me suggérera exacte- es poser. De plus, je décide des articles que je afin que mon esprit, au moment du sinistre, it lucide et libre de suivre les impulsions de ent. Celui-ci ne fera jamais défaut si on lui ations appropriées et qu'on libère notre con- eur.

omprends bien, vous dites que le subcon- intelligence supérieure et infaillible dans ses , comment pouvez-vous affirmer qu'il puisse e de pensées négatives, fausses ou per- t du dehors?

la suggestion tout simplement! Votre sub- instantanément à tout ce qui vous arrive du r en autant que vous acceptiez ces événe- z pas que, peu importe ce que vous voyez, t emmagasinées dans votre subconscient. je vous ai averti du danger du mauvais .N.T., cette dynamite spirituelle. Apprenez à éactions négatives face aux événements. nstaller dans votre subconscient les idées de préhension provoquées par les circonstances ent. En les acceptant, vous commandez à rieure d'attirer le malheur, le désordre sur ous lui présentez des images de malheur et de répétez les erreurs commises autant comme rocédé de ressassage continuel. Votre sub- faillible à suivre les indications que vous lui

18

Questionnaire sur l'utilisation de notre force intérieure

Il y a deux buts à viser dans la vie: le premier, c'est d'obtenir ce que l'on désire et le second, c'est d'en jouir. Seul le plus sage parvient à réaliser le second.
Logan Pearsall Smith

Au cours des années, j'ai rencontré des personnes qui avaient découvert cette force intérieure, cette force créatrice de l'esprit et s'étaient appliquées à l'étudier et à l'utiliser pour leurs vies quotidiennes. Les questions qui m'ont été posées ressemblent peut-être à celles que vous me poseriez. À tout hasard, j'en ai choisi quelques-unes des plus représentatives auxquelles je vais répondre ici, espérant que mes explications vous seront utiles dans votre évolution et votre réalisation à venir.

Comment puis-je libérer mon esprit des pensées de découragement, des frayeurs et des soucis qui semblent me parvenir de l'extérieur?

Des réactions négatives à des expériences passées ont implanté en vous la crainte de les voir se reproduire. Inconsciemment, en raison de cette crainte, une circonstance ressemblant de près ou de loin à un de ces événements ramène ces pensées dont vous parlez. Pour vous en débarrasser, il faut couper dans le vif, rompre tout lien avec le passé, réduisant de la sorte leur pouvoir de faire renaître des pensées négatives. En d'autres mots, plus vous entretiendrez des pensées positives, moins vous serez dérangé ou influencé par des pensées négatives.

Comment pouvons-nous avoir la foi et ignorer le fait que l'ennemi est peut-être là, tapi dans l'ombre, prêt à fondre sur nous... ou que le chemin que nous suivons dans l'obscurité ne nous mènera pas à un précipice ou que l'eau que nous buvons n'est pas porteuse de germes nuisibles? Très peu d'entre nous ont développé leur pouvoir intuitif au point de pouvoir compter sur lui dans les situations d'urgence ou dans la vie quotidienne.

La foi aveugle est toujours dangereuse et souvent plus néfaste que le manque de foi. La vraie foi possède une qualité intuitive appuyée sur la connaissance intelligente des facteurs qui la font agir. Vous ne vous servez pas de votre jugement lorsque vous vous lancez, sans réfléchir, sur une voie où vous risquez de buter sur un ennemi, de choir dans un précipice ou de couler dans des eaux infectées. La foi n'a jamais remplacé l'action intelligente. Son rôle est d'augmenter votre intelligence et d'activer davantage votre pouvoir créateur intime qui, à son tour, vous permettra d'atteindre le but envisagé en vous fournissant les ressources nécessaires.

Si votre esprit voit, avec foi, que vous pouvez en toute sécurité éviter votre ennemi, être guidé dans des chemins obscurs, ou être averti du danger qui vous guette, comme boire de l'eau corrompue, la force créatrice intérieure suivra vos directives et vous fournira les impulsions et même les pressentiments propres à vous protéger.

donnez par votre esprit conscient. Il est doté d'une conscience intelligente mais ne possède pas le pouvoir de raisonner. Seul votre esprit conscient peut faire ce travail. Alors, il ne faut pas vous fier à votre subconscient pour penser à votre place. Sous votre direction, il peut *percevoir* des choses pour vous, vous fournir la connaissance de choses que vous avez besoin de savoir et vous amener en contact avec les sources de ce savoir... mais il est votre serviteur en tout temps, soumis à vos désirs, vos décisions, votre libre choix.

Vous affirmez: «Croyez que votre prochain est gentil et bon; il deviendra amical. Mais, supposons qu'on a affaire à une fripouille, une canaille, un sale individu. Soutenez-vous toujours qu'on doive continuer à se leurrer dans pareil cas?

Je ne vous recommande certes pas de devenir marchand d'illusions. Si vous êtes persuadé que telle personne n'est pas bonne, qu'elle est indigne de confiance, vous devez vous tenir sur vos gardes. Cependant, on retrouve souvent des cas où une personne, ayant fauté et expié, tente de se réhabiliter. Elle se bute à l'incompréhension de la société qui ne lui donne pas la chance de se reprendre. Nous n'attendons rien de bon de cette personne et c'est bien ce que nous obtenons. Sur la défensive, cet individu devient agressif et commet erreur sur erreur parce que c'est ce que nous lui suggérons par notre attitude antipathique. Pourtant, cela serait tellement plus noble de lui accorder le *bénéfice du doute*, de faire appel à son sens des valeurs, de le féliciter pour ses bons gestes. Puisque les semblables s'attirent, faites montre de sincérité dans votre attitude, faites confiance à cette personne et, presque immanquablement, elle tentera de vous donner raison. Cultivez des pensées positives à l'égard de vos congénères. Ne croyez pas toujours que les autres profitent de vous, car cette crainte provoque les réactions que vous voulez éviter à tout prix chez eux. J'ai entendu bien souvent: «Je ne comprends pas ce que vous voyez dans tel individu ou tel autre!» C'est simple! Je ne vois que ce qui est bon; je ne mets aucune barrière à mes pensées positives. Alors, je ne réveille pas les mauvais instincts qui sommeillent et qui m'attireraient des arias si moi-même j'étais négatif. Un animal peut comprendre quels sont vos sentiments à son égard, même si vous tentez de le tromper par des apparences. Les humains ne sont-ils pas supérieurs aux bêtes? Si vous refusez à quelqu'un la chance de se réhabiliter, quel espoir y a-t-il pour nous?

Je crois que vous avez dit quelque part qu'ayant conçu une idée «accomplissable» et croyant fermement en sa réalisation, une personne n'éprouvera aucune difficulté à dénicher l'argent nécessaire. Pourtant, nous avons vu des inventeurs, convaincus de la valeur de leur création, mourir sur la paille.

J'ai dénoncé et déploré la mauvaise volonté de nombreux savants et autres personnes d'intelligence supérieure à accepter des idées nouvelles. J'ai attiré l'attention sur des scientifiques comme Edison, Steinmetz, Tesla et Marconi, ces génies en électricité qui faisaient grand état de la télépathie. Il en fut de même pour le docteur Alexis Carrel qui croyait profondément et espérait, à l'égal des expériences dans le domaine de la biologie, voir des recherchistes se livrer à des études en ce sens. En dépit de ces témoignages et des recherches sérieuses menées par des savants tels que le professeur Rhine de l'Université Duke, la «London Society for Psychical Research», l'«American Society» et autres, il se trouve encore des hommes de science pour déprécier ces travaux. Ils se refusent à admettre des idées qui pourraient renverser leurs propres théories bien établies. C'est cet *esprit fermé* que l'inventeur moyen rencontre. Un inventeur est souvent du type introspectif, retiré, qui n'a pas trop de contacts avec le monde extérieur à son domaine. Il peut très bien visualiser avec foi et confiance ce qu'il veut inventer, et entretenir une grande confiance quant aux résultats; mais il lui semble impossible d'en concevoir avec le même enthousiasme et la même foi les retombées dans le monde extérieur à son petit univers. Il soumettra son invention à quelques commanditaires éventuels et, s'il est repoussé, il perdra courage, broiera du noir et se cantonnera dans des pensées d'échec.

Dans de telles conditions, l'inventeur utilise sa force créatrice contre lui. Le fait de réussir dans une sphère de votre vie ne signifie pas nécessairement qu'il en sera ainsi toujours et partout. Les mêmes pensées positives devraient s'appliquer à tous vos besoins et à tous vos espoirs. Il y en a qui possèdent un sens inné de la finance, de l'argent. Ils se *voient* en possession d'une grande fortune, tout ce qu'ils touchent se change en or solide, et leur force intérieure les seconde pour attirer l'argent. Mais plusieurs de ces mêmes gens sont pourtant malchanceux dans d'autres domaines: mauvaise santé, esseulement, insatisfaction personnelle, incompatibilité avec les autres et carences de toutes sortes. L'inventeur en puissance devrait envisager ses problèmes de vente, de marketing, de commandite avec le même dynamisme, la même application persévérante des pouvoirs créateurs dont il a fait preuve dans la conception de l'invention elle-même. S'il adopte une attitude enthousiaste, il réussira à coup sûr dans son entreprise, à l'instar de beaucoup d'autres qui ont fait bon usage de cette force intérieure créative.

Comment peut-on discerner les rêves authentiques des souhaits irréalistes, les vrais désirs des passions passagères?

Tout vient de la pratique, de l'habitude. Les véritables impulsions se présentent à votre esprit sans réflexion, sans préméditation aucune. Soudain, vous sentez que vous devez poser tel geste ou prononcer telles paroles; vous êtes poussé invinciblement à agir, à vous tenir sur vos gardes, à vérifier quelque chose, à faire des recherches. Une analyse personnelle vous aidera à distinguer une véritable impulsion d'une illusion. Vous devez vous connaître suffisamment bien pour pouvoir vous dire: «Allons! Ce n'est pas sérieux! Je voulais cette impression, donc, j'ai stimulé mon imagination dans ce sens. Je ne reconnais pas cette impulsion comme étant un désir réel. Mes peurs se sont imagées et m'ont donné la fausse impression que quelque chose allait se produire.» Bientôt, par la pratique, vous décèlerez la différence de sensation quand c'est une véritable impulsion.

Le souvenir de cette sensation vous guidera dans la reconnaissance de véritables intuitions dans l'avenir, et vous pourrez facilement rejeter les inventions fomentées par des craintes irraisonnées. Vous devez *croire* que votre subconscient peut vous servir et il le fera en vous donnant des messages intuitifs au besoin, sans quoi votre force intérieure ne peut pas vous être utile. Des gens affirment ne pas croire aux intuitions, qu'ils ne se souviennent pas d'en avoir jamais eues. Par leur attitude négative, ils ont bloqué la route à ces intuitions qu'ils auraient pu recevoir. Apprenez à contrôler vos désirs excessifs, ne désirez pas les choses qui vous feront du tort, chassez vos craintes: vous opposerez de moins en moins de résistance à la venue d'impulsions de votre faculté intuitive, qui vous guide et vous protège.

Mon problème ne concerne pas l'argent ou le succès en affaires. Je souffre de bégaiement et d'hésitation et ça me préoccupe beaucoup. Depuis que j'étudie votre philosophie, j'ai noté une amélioration dans mon langage. Je me rends compte que je ne puis obtenir des résultats instantanés, d'un jour à l'autre, même si tel est mon plus ardent désir. Pouvez-vous m'indiquer un moyen de faire travailler mon subconscient plus rapidement?

Essayez de retourner en arrière au temps où vous avez commencé à bégayer. Quelle expérience émotive a causé ce trouble? Avez-vous été victime de critiques à un moment crucial de votre existence de la part de vos parents ou d'autres personnes? Un membre de votre famille vous dominait-il au point que vous craigniez de vous exprimer en sa présence? Quelque part, dans votre passé, se trouve la racine de vos difficultés d'expression. Il suffit de la découvrir pour vous débarrasser à tout jamais de cette influence négative qui gouverne votre expression orale. Je puis vous proposer également, puisque ce défaut relève habituellement d'un sentiment de timidité et de crainte, de faire une pause avant de commencer à parler. Prenez une profonde respiration et représentez-vous à l'esprit ce que vous allez dire avant de le mettre en paroles. Le bégaiement peut venir du fait que vous devez chercher vos mots. Alors, vous êtes distrait et votre débit devient haletant, hésitant, parfois même entrecoupé. Vous pouvez vaincre ce handicap: c'est une question d'à-propos et d'image interne. Joignez les deux et vous dominerez la situation.

Je suis convaincu de la véracité de vos enseignements. Vous nous prévenez de n'employer cette force que pour le bien. Je vous crois. Cependant, je me demande si je me fourvoierais en l'utilisant dans les jeux du hasard! Je ne suis pas joueur professionnel mais, comme bien d'autres, j'aime de temps en temps tenter ma chance. Que pensez-vous de cela?

Frederick Marion, un sage dont la réputation n'est plus à faire, et auteur du livre: *In My Mind's Eyes* (Dans les yeux de mon esprit), relate plusieurs de ses expériences par la perception extra-sensorielle, parle de sa facilité à capter les pensées des autres, de prévoir l'avenir. Il discute également de ses tentatives de faire servir sa force intérieure à la spéculation boursière. Au début, tout alla selon ses désirs; tout à coup, cette puissance le lâcha, lui fit faux bond. Il ne parvenait plus à maîtriser son désir effréné de s'enrichir si bien qu'il en arriva à ne plus deviner juste. Tous les joueurs ont fait la même expérience lorsque la tension atteignait son point culminant. Presque tous ceux que j'ai connus sont morts sans le sou ou ont essuyé plus de pertes que de gains. Ils ne savaient quand s'arrêter, un gain les entraînait vers de nouvelles pertes. S'ils avaient fait preuve de plus de discernement, mettant de côté la tension et les craintes, leur faculté intuitive leur aurait été d'un grand secours. En un sens, la vie elle-même est une loterie... vous misez sur vous-même... et je parierais plus volontiers sur mes possibilités que sur une roue de fortune. Le jeu est perfide lorsqu'il attire des déboires sur vous et sur les autres. Ceux qui peuvent se permettre de perdre peuvent jouer, et encore! Malheureusement, ce ne sont pas ceux-là qui jouent le plus souvent. Qui êtes-vous? Pourquoi ne pas miser sur vous-même? Les risques sont moindres et les résultats sont beaucoup plus grands et plus satisfaisants.

Pouvez-vous me suggérer une façon de procéder dans le choix d'une formule heureuse en affaires?

Vous seul pouvez le faire. Durant vos méditations, conversez avec votre esprit. Demandez-lui de vous indiquer vos meilleures chances de réussite en affaires, de vous rappeler les expériences passées sur lesquelles vous pouvez édifier votre avenir. Passez cette image à votre subconscient et vaquez à vos occupations journalières avec l'assurance qu'au moment favorable, par un éclair impulsif, une sensation soudaine, vous *saurez* dans quelle direction orienter vos efforts et de quelle façon atteindre vos objectifs. Vous pouvez vous y fier; agissez ainsi et la réponse viendra sûrement.

Des auteurs soutiennent que l'expérience ne nous apprend rien. Expliquez pourquoi vous affirmez le contraire.

L'expérience nous apprend à poser tel geste ou à *l'éviter,* à tirer profit des bévues et des réussites des autres. Pourquoi répéterions-nous les mêmes erreurs que d'autres ont commises et qui les ont menés à une impasse? Servons-nous de notre intelligence aussi bien que de notre foi devant les problèmes de la vie.

Je me sens écrasé, enlisé dans un désordre sans nom. Comment puis-je me sortir de cette sensation de confusion?

En éliminant vos pensées confuses. Vous avez contracté la mauvaise habitude d'attacher trop d'importance même aux détails les plus insignifiants. Ils ont pris la proportion de montagnes, d'obstacles infranchissables dans votre esprit. Ils vous ont envahi barrant ainsi la route aux idées constructives qui tentent de vous parvenir. Vous êtes continuellement sous l'impression qu'un malheur se prépare, simplement parce que ces pensées importunes vous aveuglent et vous donnent l'impression d'être enseveli sous un monceau de difficultés insurmontables. Chassez ces idées confuses par un acte de volonté et vous pourrez enfin accueillir joyeusement l'ordre et la paix dans votre esprit.

Pourquoi donner tant d'importance à l'imagination si elle peut influencerr notre pensée dans le mauvais sens?

Une imagination bien dirigée peut devenir un formidable facteur de réussite. Si vous vous représentez de bonnes choses, vous les verrez venir vers vous éventuellement. Représentez-vous des malheurs et vous attirerez sûrement le malheur sur vous: tout dépend du message passé à votre subconscient.

Pouvez-vous me définir l'imagination?

C'est une faculté qui donne l'habileté de produire dans notre subconscient des images ou des conceptions de ce que nous désirons. Elle est le stimulateur de la pensée, le commutateur de notre force intérieure créative, le moyen de concrétiser nos désirs.

Comment vous représentez-vous la Puissance divine ou la Présence intérieure lorsque vous priez? Vous adressez-vous tout simplement à cette sensation de force intérieure?

Chaque individu a sa façon particulière de se représenter Dieu. Donc, la conception que vous vous êtes faite vous-même de *l'Être* suprême doit primer dans vos méditations et dans vos prières. Bien sûr, je ne m'imagine pas Dieu sous la forme d'un être imposant assis sur un trône majestueux au milieu des étoiles. J'ai depuis longtemps renoncé à cette vision puérile. Aujourd'hui, je suis convaincu qu'une partie de Dieu, de l'Intelligence suprême, réside en moi comme en vous. Pensez aux liens étroits que vous sentez entre vous et la personne aimée. Si vous pensez à cet être cher *mainte-*

nant, vous pouvez le rendre présent à votre esprit et sentir le lien étroit qui vous unit. Il peut en être ainsi entre Dieu et vous. Vous ne doutez aucunement de l'existence de l'être aimé puisque vous le voyez toujours dans vos pensées. Alors, agissez de même envers Dieu et vous sentirez sa *Présence* au-dedans de vous, son appui qui ne vous fera jamais défaut, cet Auditeur à qui vous pouvez adresser vos prières et méditations et de qui vous pouvez attendre la bonne réponse à vos problèmes.

Pouvez-vous m'indiquer une technique efficace pour faire disparaître les mauvaises expériences du passé et pardonner à des êtres aimés?

Rendez-vous compte simplement des blessures que vous vous êtes infligées en conservant le souvenir de mauvaises expériences; vous vous faites plus de tort que vous n'en faites à ceux qui vous ont offensé. Revoyez en pensée ce qui s'est produit et *représentez*-vous l'attitude que vous auriez dû adopter. Prenez votre juste part de la responsabilité et du blâme et, quelles que soient les raisons que vous ayez pour garder rancune, *chassez* la haine et les ressentiments. Sachez et croyez que la loi de la compensation agira, que la personne qui a blessé récoltera le fruit de sa conduite. Réalisez que, plus vous vivrez dans le passé, plus vous retarderez l'apparition de nouvelles expériences, de nouvelles occasions de bonheur. Rappelez-vous que les semblables s'attirent. Vous avez appelé sur vous l'adversité aussi longtemps que vous avez conservé à la mémoire le souvenir d'expériences malheureuses. Cela n'en vaut vraiment pas la peine. Vous continuerez à être en butte à toutes sortes de mésaventures physiques ou spirituelles, à moins d'adopter une nouvelle attitude positive.

Quelle est la différence entre la prière et la méditation?

La méditation mène à la prière en créant la détente physique et le vide dans l'esprit. Alors, l'attention se tourne vers le dedans et les images intérieures se font plus limpides. La prière arrive naturellement ensuite.

Si on vous avait répété depuis votre jeune âge que vous ne pourriez jamais réussir, quel moyen prendriez-vous pour vous débarrasser de ce blocage?

Quel héritage, mon Dieu, à laisser à des enfants... une suite ininterrompue d'images défaitistes! Le premier pas à faire est de rejeter sans hésitation les concepts que l'on vous a inculqués, détruisant de ce fait l'emprise des images défaitistes sur votre esprit. Avant d'échouer, il faut *être convaincu* de son insuccès. Repoussez tous les sentiments de rancoeur envers vos parents. Aussi longtemps que vous resterez amer à leur égard, vous conserverez ces images dont vous désirez vous libérer et vous ancrerez davantage leur influence sur votre subconscient. Libérez toute amertume: ne la nourrissez plus et alors, elle mourra de n'être pas entretenue. Il y a tant de choses valables dans la vie; appelez-les par des images constructives, sollicitez le secours de votre force intérieure créative, soyez confiant! Vous obtiendrez sûrement ce que vous désirez et méritez!

Voyons voir si je vous comprends bien: vous concevez consciemment l'image de ce que vous désirez et, par la méditation, elle vous est reflétée pendant peut-être une fraction de seconde. Cette réflexion se fait-elle au niveau de l'esprit? Est-ce bien ce qui doit se produire avant que votre subconscient n'entre en action?

Oui, c'est bien ainsi que cela se passe. Vous concevez l'image de ce que vous désirez puis, par un effort de volonté, vous la projetez sur votre écran mental en vous laissant ressentir fortement le désir de la voir se matérialiser dans votre vie réelle, en croyant en même temps que ce que vous avez visualisé est déjà accompli dans votre esprit et se dirige présentement vers vous!

Dans notre monde bouleversé, comment pouvons-nous vivre sans souci ni crainte? Comment éloigner de notre esprit les circonstances désagréables?

Il faut refuser d'endosser toute circonstance qui ne nous concerne pas. Rendez-vous compte que l'anxiété ne changera rien à la situation mondiale, pas plus qu'elle ne peut vous aider à résoudre vos problèmes. En fait, la crainte et les soucis sont démoralisants, décourageants. Ils peuvent avec le temps détruire la confiance en soi, altérer la santé et mettre des entraves au bonheur. Rendez-vous compte que vous êtes heureux présentement et qu'en maintenant votre attitude positive, vous contribuerez à créer de la joie autour de vous. Cessez de vivre *l'espoir du meilleur et la crainte du pire.* Le pire se manifeste rarement et, lorsque vous visez ce qu'il y a de mieux, les choses tournent toujours à votre avantage.

Quelle est la façon la plus rapide de se détendre?

Je suppose que la façon la plus rapide serait de vous assommer avec un marteau, mais comme vous le savez, ce n'est pas très agréable. Je badine. La façon que je considère la plus rapide est de vous isoler, si possible et de vous installer dans une chaise confortable ou sur un canapé. Relâchez votre corps avec votre esprit conscient... levez vos bras et vos jambes et laissez-les retomber... laissez la chaise ou le lit supporter votre corps tout entier. Vous sentirez alors une grande légèreté vous envahir, comme une sensation d'apesanteur. Quand votre corps est ainsi détendu, chassez de votre esprit tous sentiments de tension occasionnés par la pression, l'inquiétude ou les émotions troublantes. Représentez-vous un écran mental vide... un lac calme... un paysage serein... n'importe quelle vision qui suggère le calme, la sérénité, la paix. À ce moment-là, vous serez complètement détendu. Avec la pratique, il ne faudra que quelques minutes pour atteindre ce niveau de détente.

Pouvez-vous, par la suggestion, provoquer le rêve chez un individu et, par l'intuition, obtenir certains renseignements?

Oui, les rêves peuvent vous révéler beaucoup de choses et la force intérieure s'en sert souvent comme d'un médium pour faire passer les renseignements dont vous avez ou aurez besoin. Naturellement, les interprétations ne sont pas toujours exactes car les rêves sont souvent causés par des troubles physiques émotifs comme l'indigestion, la peur, la susceptibilité, les soucis, le ressentiment, etc... Lorsque l'esprit est détendu par le sommeil, il peut arriver que les difficultés de la journée précédente prennent forme dans des proportions gigantesques et difformes: les rêves de ce genre sont rarement significatifs. Ils peuvent révéler à l'esprit alerte et exercé d'un psychiatre les causes de vos frayeurs, de vos inhibitions, de vos appréhensions, mais pour vous, ils auront peu ou pas de signification. Cependant, à d'autres moments, votre esprit peut être projeté dans l'avenir et vos facultés intuitives peuvent vous faire voir en rêve des événements futurs découlant de dispositions d'esprit engendrées par des expériences passées. Ces rêves méritent que vous vous y attardiez car ils peuvent vous fournir des indices pour vous préparer à faire face à une situation ou à l'éviter. Bien compris, ces avertissements peuvent vous aider à changer votre façon de penser et possiblement aussi le fil des événements.

Avant de nous mettre au lit, si vous désirez une réponse à un problème qui vous ennuie, suggérez à votre subconscient de vous la fournir de cette façon. Avec la pratique, vous pourrez souvent réussir à attirer les renseignements voulus. Bien des gens disent: «J'ai décidé de laisser la nuit me porter conseil et je me suis réveillé avec la réponse!»

Vous dites que l'homme est maître de sa destinée, qu'il est seul responsable de ses actes, comment pouvez-vous concilier cette affirmation avec le fait que la vie existait longtemps avant que l'homme ne paraisse? Il semble que nous sommes continuellement impliqués dans des processus, des fonctions, des activités sur lesquels nous n'avons aucun contrôle. Comment répondre à cela?

L'homme *devrait* en principe être le seul responsable de son sort. Il a été conçu ainsi et doté d'une force intérieure capable de lui faire atteindre les plus hauts sommets. Mais l'humanité, jusqu'ici, n'a pas tellement utilisé cette puissance. Sur le plan individuel, cependant, les accomplissements de l'homme touche le sublime. Je ne vous citerai que le cas d'Helen Keller qui s'est élevée au-dessus d'un triple handicap pratiquement insurmontable: surdité et mutisme compliqués de cécité. Elle a réussi à exprimer sa personnalité et sa grande âme à l'aide des quelques aptitudes qui lui restaient. Elle est une grande inspiration pour l'humanité et pour sûr, elle est *maîtresse de son sort.* Pensez à Steinmetz, ce génie de l'énergie électrique: bossu, affligé d'une tête difforme, d'un corps frêle et maladif soutenu par des jambes grêles. Cependant, cette tête informe abritait un cerveau brillant. Ceux qui ont connu Steinmetz affirment qu'ils oubliaient vite son corps disgracieux devant l'éclat de son génie. Un autre qui est devenu *maître de son sort!* Pensez à Beethoven! Il était d'une laideur légendaire et de plus affligé du pire handicap qui puisse frapper un musicien, il était devenu sourd. Pourtant, Beethoven nous a laissé des chefs-d'oeuvre qui n'ont pas fini d'émerveiller des milliers de mélomanes. On ne pense pas souvent, en écoutant la Neuvième Symphonie de Beethoven, que celui-ci n'en a jamais entendu une seule note. Vous ne douterez pas que ce grand parmi les grands était vraiment *maître de sa destinée.* Je soupçonne qu'il s'en trouve encore beaucoup dont je n'ai jamais entendu parler, qui ont réussi à surmonter les obstacles qui se dressaient sur leur route afin de se réaliser pleinement, obstacles qui normalement auraient dû les briser.

Non. L'homme n'a pas été jeté à la dérive sur la mer de ce monde, victime des circonstances et des forces dépassant ses capacités. Il possède au-dedans de lui tout ce dont il a besoin pour se rendre *maître des circonstances.* L'homme n'a qu'à découvrir cette force intérieure et à l'utiliser! C'est tout!

19

Partagez votre bonne fortune

Quand vous découvrez une bonne chose, partagez-la. Voilà le meilleur moyen de se faire des amis. Il ne faut jamais se cantonner dans son égoïsme. Lorsque l'occasion se présente, aidez les autres à comprendre la puissance du T.N.T., cette dynamite intérieure que tous nous portons en nous. Faites-les bénéficier des mêmes heureux résultats que vous avez obtenus. Chaque fois que vous donnez un coup de pouce à quelqu'un, vous vous donnez un élan encore plus grand.

Il se trouvera toujours des personnes pour vous taxer d'égoïsme, de pédanterie: faites la sourde oreille. Ces gens sont d'éternels railleurs qui cherchent continuellement à mettre des bâtons dans les roues. Ils parcourent les chemins de la vie en aveugles et tentent de vous entraîner dans leur sillage. Ceux qui comprennent vous offriront leur assistance, accepteront l'aide que vous leur offrez, désireront travailler avec vous. Devant votre réussite, les gens intelligents se mettront à vous observer afin de découvrir votre secret.

Maintenant que je vous ai donné une solide emprise sur le secret, ne le laissez pas fuir! Allez de l'avant!

George Jean Nathan, un des grands critiques d'art dramatique américains, dans son recueil intitulé *Living Philoso-*

phies (Les philosohies vivantes), affirme n'avoir jamais rencontré un homme heureux du point de vue matériel, dont la seule et unique préoccupation se rapportait à lui-même. Naturellement, je ne connais pas exactement le sens des mots de Nathan, mais je suis sûr qu'il ne voulait pas dire qu'un homme qui réussit doive tellement se concentrer sur lui-même au point d'en oublier d'aider ses semblables. Si vous avez suivi mon raisonnement tout au long de cet ouvrage, que vous êtes sur la route du succès, il vous sera impossible d'être impitoyable, brutal et sans pitié.

Il n'est pas nécessaire d'écraser qui que ce soit pour atteindre son objectif; il ne s'agit pas de leur passer sur le corps, de trahir amis et associés, non plus que de recourir à l'intrigue, à la dissimulation, à la duperie. Vous atteindrez vos buts la tête haute et les pieds solidement ancrés au sol. Ce que vous aurez réussi une fois, vous pourrez le répéter toujours et de mieux en mieux.

Voilà ce que la puissance de votre esprit peut faire pour vous et avec vous. À mesure que vous avancerez, vous vous découvrirez une vocation de soutien envers le prochain; vous voudrez rendre service, accomplir des actes de bonté, de mansuétude; vous vous écarterez de votre chemin pour donner, en reconnaissance de ce que vous aurez reçu. Vous remarquerez que votre conduite amicale poussera l'autre à suivre votre exemple. Il ne s'agit pas d'égoïsme ici, simplement d'un échange fraternel répondant au principe de cause à effet.

André Ampère appelait sa loi: la loi de l'attraction telle qu'appliquée au magnétisme de l'électricité. *Des courants parallèles filant dans le même sens s'attirent.* C'est simple, n'est-ce pas? Mais lorsque vous faites montre d'antipathie et que vous allez à contre-courant, vous influencez les autres dans ce sens car *les courants parallèles filant dans des directions opposées se repoussent.* Une fois de plus, c'est la vieille histoire vraie des *semblables qui s'attirent* et des contraires qui se repoussent.

Lorsque vous rendez service, vous êtes payé en retour. Aucun mystère ici: c'est naturel!

Répétez! Répétez sans cesse! Commencez à faire ce qu'on vous a suggéré et perfectionnez votre technique spirituelle!

Travailler en équipe stimule les énergies. Amenez les autres à penser avec vous. L'*esprit de corps* inculqué aux soldats lors de la première guerre mondiale, a fait de l'armée américaine ce qu'elle était. Ce même esprit de corps a insufflé l'héroïsme chez nos combattants de la seconde guerre mondiale. Le travail d'équipe dans n'importe quelle bataille provoque l'enthousiasme, la confiance, la détermination d'aller constamment de l'avant.

Si vous acceptez mes paroles dans l'esprit où elles sont prononcées et que vous les faites passer dans votre vie, vous serez pratiquement invincible. En vous harmonisant avec les autres et en les entraînant à votre suite, le monde vous appartiendra.

Lorsque la crainte domine la volonté, rien n'est accompli; chassez-la et le monde vous appartient!

Ce n'est pas la perte de la fortune qui rend l'homme impuissant, mais bien la perte de l'espérance, du cran, de l'ambition.

Herbert R. Casson

Charles N. Schwab faisait remarquer: «Le mot *vendeur* éveille chez les gens l'image d'une personne allant de ville en ville pour offrir ses produits. Pourtant, nous sommes tous des vendeurs, chaque jour de notre vie. Nous vendons nos idées, nos projets, nos énergies, notre dynamisme auprès de tous ceux que nous rencontrons.»

Cela est vrai en tout, surtout dans notre contact avec les autres.

Lorsque je dis *contact*, je parle de rencontres personnelles. Le temps des commandes par téléphone est en voie de disparition, car on s'est rendu compte que rien ne peut remplacer la présence physique, le contact direct avec les clients éventuels. Encore plus de nos jours et dans l'avenir, le succès couronnera les efforts des personnes qui se donnent la peine d'aller vers les gens. Les autres couleront à pic.

Vous ne pouvez échapper à cette loi fondamentale: *la survivance des mieux adaptés.* Persuadez-vous que la meilleure façon de faire une vente est de réussir à convaincre le client en le rencontrant face à face. Il faut que vous alliez vers lui, que vous jugiez de sa réaction afin d'adopter l'attitude qui provoquera la vente anticipée.

Donc, si vous désirez vraiment effectuer une vente, rappelez-vous mes paroles. Votre subconscient vous fournira un flot constant d'idées, d'impulsions et d'inspirations qui vous guideront au succès. Par exemple, il vous suggérera un truc pour rencontrer un homme qui se dit trop occupé pour vous recevoir et, une fois en sa présence, il vous aidera à vous tenir sur vos deux pieds.

Soyez vigilant! Faites sentir votre personnalité! Connaissez à fond votre sujet! Faites preuve d'enthousiasme! Ne fléchissez pas!

Vous valez bien votre client; de plus, en certains cas, vous pouvez prendre le pas sur lui car vous avez confiance de réussir, vous croyez sincèrement au produit que vous essayez de vendre. D'un autre côté, il se peut que, s'il a réussi en affaires, il jouisse lui aussi d'une forte personnalité. Alors, arrangez-vous pour parler d'égal à égal et établissez un courant de compréhension. Ne le regardez pas de haut et invitez-le à agir de même à votre égard. Trouvez un terrain d'entente, de cordialité réciproque, et l'affaire sera dans le sac. Gardez toujours la conviction que vous allez effectuer une vente, ne fléchissez pas dans votre détermination et vous vaincrez.

Votre leitmotiv, votre devise dans la vie, doit être: «Je vais réussir tout ce que j'entreprendrai.» Répétez-la à satiété. Répétez... répétez... taratata... voyez-vous constamment en action... «Je peux!... je veux... je le crois... et c'est vrai!»

Formez un petit groupe d'amis intéressés aux mêmes expériences que vous. Échangez vos impressions, discutez de vos échecs, repérez vos erreurs de parcours. Et recommencez! Acceptez de bon coeur la critique constructive; voyez ensemble la cause des échecs. Partagez la nouvelle et la joie de vos réussites. Faites des expériences dans le domaine de la télépathie en développant vos dons de vision, de concentration, d'intuition. À mesure que vous constaterez que l'intérêt grandit dans votre famille et chez vos associés, démontrez-leur la valeur du T.N.T.

Un petit noyau de personnes intéressées au T.N.T. se formera autour de vous pour étudier, comprendre et mettre en application les pouvoirs de pensées positives... vous verrez de grands changements s'opérer dans les esprits et les coeurs.

Vous pouvez, comme tous ceux qui possèdent ce livre, former votre propre noyau de gens intéressés et commencer à travailler. Le secret contenu dans ces pages peut être compris de toute âme de bonne volonté.

Travailler avec un ami intime ou une personne aimée donne de l'élan, décuple les possibilités. Vous pouvez ainsi vous soutenir mutuellement, vous corriger et vous encourager. Plus vous parlez de cette force, plus vous en étudiez les retombées, plus elle se manifeste dans votre vie, dans vos actes.

Soyez tenace! Ne reculez jamais! N'abandonnez jamais! Votre esprit possède la réponse à tous vos problèmes actuels et futurs.

Souvenez-vous de toujours partager votre bonne fortune avec les autres. Vous en serez récompensé au centuple car le bien attire le bien, il se regénère, se multiplie, se remultiplie, se répand... et retourne de plus en plus abondant au donneur original.

Armé de persévérance, de foi, de perception, *il vous devient impossible de faire fausse route!*

20

Maintenant que vous possédez le pouvoir, utilisez-le!

Je suis le maître de ma destinée;
Je suis le capitaine de mon âme.
William Ernest Henley

Taratata
L'homme est le reflet de sa pensée.
Taratata
Je le sais, je le crois et c'est vrai.
Taratata
Le T.N.T. change la face de la terre!

Cet ouvrage réalisera tout ce que vous lui demandez mais vous devez le relire et le relire jusqu'à ce que vous en compreniez parfaitement chaque phrase et chaque mot; vous devez ensuite en appliquer les méthodes et les principes de tout votre coeur et avec toute votre âme. Qu'il fasse désormais partie de votre vie quotidienne et quand vous appliquerez les idées offertes, vous verrez les résultats formidables qui ont fait le bonheur de tant d'êtres humains. Si vous êtes vraiment sérieux, vous constaterez que ma recette est simple et efficace.

Une fois que vous aurez étudié le livre en profondeur, vous apprécierez la grande force résidant dans la *répétition de pensées* et dans *l'action positive.*

Vous pouvez, par la répétition de la même pensée, vous diriger vers les sommets ou vers les ravins, selon que votre pensée est dépressive ou constructive. À mesure que vous vous construirez une personnalité dynamique, vous vous apercevrez que vous exercez, par votre seule pensée, une grande influence sur les autres.

Permettez-moi de vous répéter de veiller à ne pas employer cette force explosive à mauvais escient. Repoussez les pensées négatives, n'alimentez que les pensées constructives et allez-y de toutes vos énergies au fil de vos idées.

Ne regardez plus en arrière. Vous savez d'où vous venez; l'important est de savoir maintenant où vous *allez!* Fixez les yeux de votre esprit sur l'avenir. C'est la terre radieuse où résident vos chances de réussite. Graduellement vous acquerrez une plus grande maîtrise de votre force intérieure créatrice et les impulsions que vous en recevrez vous permettront d'entrevoir ce qui vous attend.

L'avenir se situe au-delà du temps dont il est une extension, et il est hors de portée des cinq sens.

Méditez bien ces paroles. Vous vous rendrez bientôt compte que les moteurs que vous activez par vos pensées présentes produisent leurs effets dans votre monde de demain. La nature a horreur du vide. Des événements se produisent en tout temps et en tous lieux, amenant des répercussions sur l'environnement. Un grand savant a résumé cet état de choses en quelques mots: *Le changement est la seule chose permanente dans le monde.* Contemplez ce qui se passe dans votre corps: des milliers de cellules meurent chaque jour et sont remplacées immédiatement par des milliers de nouvelles. Les idées surannées cèdent la place à des idées nouvelles. Vous n'êtes pas aujourd'hui ce que vous étiez hier, ni en corps ni en pensée!

De nombreux sages ont eu la vision de ce qui se passerait dans l'avenir tout simplement par l'utilisation de leurs pensées créatrices.

Lord Alfred Tennyson est décédé depuis 1892 et pourtant ses paroles prophétiques sont d'une cuisante actualité. Écoutez-les:

Mes yeux ont scruté l'avenir si loin qu'ils ont pu,
Se sont délectés du monde futur, de ses merveilles;
Ils ont vu les cieux sillonnés de bateaux marchands
Toutes voiles dehors dans le crépuscule empourpré
Et déchargeant leur fardeau. Dans le ciel,
J'ai ouï des cris et vu des horreurs sans nom,
Nation contre nation crachant la mitraille.
Les tambours se turent, on enroula les drapeaux;
Les hommes firent la paix, l'union s'accomplit.

Pouvez-vous, après cette lecture, douter que l'homme puisse prévoir ce qui lui arrivera? Le pouvoir du T.N.T. est réel au présent comme au futur. La conception qui naît dans votre esprit devient réalité à l'instant, à moins que vous ne la remplaciez par une autre. Même là, elle a eu le temps de s'insinuer en vous et d'influer sur d'autres idées. L'univers est forgé par les pensées bonnes ou mauvaises qui ne cessent d'affluer à l'esprit de ceux qui le composent. Ces vibrations extraordinaires affectent la conscience d'un individu selon l'échelon où il se place dans la pensée de la masse.

Pouvons-nous acquérir une meilleure compréhension de nos pensées et de nos sentiments réciproques afin de rendre le monde meilleur? Est-il possible d'arriver à des ententes avec ceux qui nous entourent? Ou bien, comme le dit Tennyson, *les flottes doivent-elles se heurter dans l'empyrée et provoquer des retombées néfastes, horribles?*

Combien de temps faudra-t-il encore avant que l'homme cesse de mener l'univers à sa destruction par ses pensées négatives, avant que les tambours de guerre ne se taisent et que l'on n'enroule les drapeaux, avant que les hommes ne s'aiment d'amour et ne forment qu'une belle nation unie?

La réponse à cette question sera positive lorsque suffisamment d'individus se rendront compte du pouvoir formidable du T.N.T. spirituel qui change la face de la terre, en bien ou en mal, selon son utilisation.

La puissance de l'esprit doit un jour dominer la puissance des armes.

Pensez seulement à la force constructive de cette dynamite spirituelle, à son influence magique, rapide sur l'humanité si elle était dirigée dans des canaux constructifs. Tous les problèmes seraient résolus instantanément, des inventions bénéfiques verraient le jour et libéreraient l'humanité de tout genre d'esclavage et surgiraient bientôt la compréhension et la tolérance à l'égard d'autrui. Alors, chacun se dédierait à sa tâche particulière au service de tous, lui-même y compris car, comme le dit James Russel Lowell:

> *Aucun homme ne naît sans que sa tâche ne naisse avec lui; il y a toujours du travail et les outils nécessaires à l'accomplir pour qui veut.*
> *Les mains cornées par le labeur sont bénies...*

L'oisiveté engendre la confusion, le désordre. Aucun individu n'est heureux s'il ne se sent utile à quelque chose. Vous devez savoir ce que vous voulez dans la vie et comment vous y prendre pour atteindre au succès. Seulement, vous devez respecter le droit de l'autre à la libre expression et à la réalisation de ses désirs.

Vous n'êtes pas seul en ce monde. Vous devez vous entraider. Vous êtes important pour vous-même, pour vos amis, pour vos parents, pour votre communauté, pour votre nation. Ce que vous accomplissez dans votre vie est important. Le travail de chacun apporte une contribution au labeur de l'humanité. Aucun effort louable n'est jamais perdu.

Quand vous faites de votre mieux chaque jour, quel que soit votre emploi ou votre responsabilité, vous vous améliorez en même temps que vous améliorez les conditions qui vous entourent.

Sachant que vous possédez cette force intérieure, et sachant comment vous en servir, vous ne gaspillez plus vos énergies et votre temps à vous tracasser pour des problèmes d'ordre national et international qui sont hors de votre contrôle.

Agissez dans votre propre sphère; ainsi vous ferez votre part et votre exemple influencera ceux qui vous entourent.

Rappelez-vous que *chaque pensée répétée pousse à l'action et les résultats ne se font pas attendre.*

Faites de ce livre votre vade-mecum. Relisez-le aussi souvent que possible et méditez-en son contenu régulièrement.

Mettez en pratique... mettez en pratique... mettez en pratique! Influencez les autres par votre attitude positive quotidienne. De cette façon, vous apporterez votre contribution à l'amélioration, à la sécurité et au bonheur du monde où vous évoluez. Tout le bon que vous exprimez s'étend à l'univers entier et trouve son affinité partout chez des gens.

Au commencement, tout était bon. C'est l'homme lui-même qui apporta le mal. Faites le mal et on vous paiera de retour. Faites le bien et le bien sera votre partage. Vous pouvez devenir ce que vous désirez pourvu que vous en payiez le prix en temps, en pensée, en effort et en énergie. Vous possédez maintenant la clé... puissiez-vous l'utiliser!

Cette chose que vous devez utiliser à bon escient c'est le:

T.N.T. QUI CHANGE LA FACE DE LA TERRE!

C'est votre FORCE INTÉRIEURE!

COLLECTION

MOTIVATION ÉPANOUISSEMENT PERSONNEL

CHEZ LE MÊME ÉDITEUR
dans la même collection:

Accomplissez des miracles, *Napoleon Hill*
Art de réussir (L'), *Brian Adams*
Atteindre votre plein potentiel, *Norman Vincent Peale*
Attitude d'un gagnant, *Denis Waitley*
Attitude fait toute la différence (L'), *Dutch Boling*
Bien vivre sa vie, *Denis Ouimet*
Cadeau le plus merveilleux au monde (Le), *Og Mandino*
Cercle des gagnants (Le), *Charles Paul Conn*
Clés pour l'action, *Serge Diotte*
Comment contrôler votre temps et votre vie, *Alan Lakein*
Comment se faire des amis facilement, *C.H. Teear*
Comment se fixer des buts et les atteindre, *Jack E. Addingto*
Croyez!, *Richard M. DeVos*
Cycles du succès (Les), *Robert A. Schuller*
Développez habilement vos relations humaines, *Leslie T. Gibl*
Développez votre confiance et votre puissance avec les gens, *Leslie T. Giblin*
Devenez la personne que vous rêvez d'être, *Robert H. Schulle*
Devenez une personne extraordinaire dans un monde ordin *Robert A. Schuller*
Devenir le meilleur, *Denis Waitley*
Dites oui à votre potentiel, *Skip Ross*
En route vers le succès, *Rosaire Desrosby*
Enthousiasme fait la différence (L'), *Norman V. Peale*

Étapes vers le sommet (Les), *Dave Grant*
Étoffe d'un gagnant (L'), *Dave Grant*
Fonceur (Le), *Peter B. Kyne*
Fortune en dormant (La), *Ben Sweetland*
Homme est le reflet de ses pensées (L'), *James Allen*
Homme le plus riche de Babylone (L'), *George S. Clason*
Homme miracle (L'), *Morris Goodman*
Homme qui voulait devenir millionnaire (L'), *Mark Fisher*
Lois du succès (Les) ensemble coffret, *Napoleon Hill*
Lois du succès (Les) tomes I, II, III, *Napoleon Hill*
Magie de croire (La), *Claude M. Bristol*
Magie de penser succès (La), *David J. Schwartz*
Magie de s'autodiriger (La), *David J. Schwartz*
Magie de vivre ses rêves (La), *David J. Schwartz*
Magie de voir grand (La), *David J. Schwartz*
Meilleure façon de vivre (Une), *Og Mandino*
Mémorandum de Dieu (Le), *Og Mandino*
Menez la parade!, *John Haggai*
Mission: Succès, *Og Mandino*
Parole d'honneur, *Charles P. Conn*
Parole est d'argent (La), *Ron Holland*
Pensée positive (La), *Norman V. Peale*
Pensez en gagnant!, *Walter Doyle Staples*
Pensez possibilités!, *Robert H. Schuller*
Performance maximum, *Zig Ziglar*
Personnalité plus, *Florence Littauer*
Plus grand miracle du monde (Le), *Og Mandino*
Plus grand secret du monde (Le), *Og Mandino*
Plus grand succès du monde (Le), *Og Mandino*
Plus grand vendeur du monde (Le) partie 2, suite et fin *Og Mandino*
Quand on veut, on peut!, *Norman Vincent Peale*
Réflexions sur la vie, *John F. Demartini*
Relations humaines, secret de la réussite (Les), *Elmer Wheeler*

Rendez-vous au sommet, *Zig Ziglar*
Retour du chiffonier (Le), *Og Mandino*
Rêve possible (Le), *Charles P. Conn*
S'aimer soi-même, *Robert H. Schuller*
Saisons du succès (Les), *Denis Waitley*
Se prendre en main, *Beverly Nadler*
Secrets de la confiance en soi (Les), *Robert Anthony*
Si j'avais su... *Aline Lévesque et éditions Un monde différent*
Succès d'après la méthode de Glenn Bland (Le), *Glenn Bland*
Succès n'a pas de fin, l'échec n'est pas la fin! (Le),
Robert H. Schuller
Tout est possible, *Robert H. Schuller*
Triomphez de vos soucis, *Mary McClure et Robert L. Goulding*
Université du succès (L'), tomes I, II, III, *Og Mandino*
Vie de Dale Carnegie (La), *Giles Kemp et Edward Clafin*
Vie est magnifique (La), *Charlie T. Jones*
Vivez en première classe, *Kenneth Thurston Hurst*
Votre droit absolu à la richesse, *Joseph Murphy*
Votre force intérieure T.N.T., Claude M. Bristol et *Harold Sherman*
Votre passe-partout vers les richesses, *Napoleon Hill*
Votre plus grand pouvoir, *J. Martin Kohe*

MARQUIS
Montmagny, Qc
mars 1994